GRANDE
potencial

SHAWN ACHOR
Do mesmo autor de
O jeito Harvard de ser feliz

GRANDE
potencial

Tradução
Cristina Yamagami

Cinco estratégias para você
chegar mais longe desenvolvendo
as pessoas a seu redor

Benvirá

Copyright © 2018 by Shawn Achor
Título original: *Big Potential*
Todos os direitos reservados.
Esta tradução foi publicada mediante acordo com Currency, um selo do Crown Publishing Group, uma divisão da Penguin Random House LLC.

Preparação Maísa Kawata
Revisão Laila Guilherme e Tulio Kawata
Diagramação Johannes Christian Bergmann
Capa Simone Fernandes
Impressão e acabamento Vox Gráfica

Dados Internacionais de Catalogação na Publicação (CIP)
Angélica Ilacqua CRB-8/7057

Achor, Shawn
Grande potencial: cinco estratégias para você chegar mais longe desenvolvendo as pessoas a seu redor / Shawn Achor ; tradução de Cristina Yamagami. – São Paulo : Benvirá, 2018.
208 p.

ISBN 978-85-5717-241-8
Título original: *Big Potential*

1. Liderança 2. Motivação 3. Grupos de trabalho 4. Sucesso nos negócios 5. Felicidade I. Título II. Yamagami, Cristina

18-0823	CDD 650.1
	CDU 65.011.4

Índices para catálogo sistemático:
1. Sucesso

1ª edição, julho de 2018 | 5ª tiragem, julho de 2021

Nenhuma parte desta publicação poderá ser reproduzida por qualquer meio ou forma sem a prévia autorização da Saraiva Educação. A violação dos direitos autorais é crime estabelecido na lei n. 9.610/98 e punido pelo artigo 184 do Código Penal.

Todos os direitos reservados à Benvirá, um selo da Saraiva Educação.
Av. Paulista, 901 – 3º andar
Bela Vista – São Paulo – SP – CEP: 01311-100

SAC: sac.sets@saraivaeducacao.com.br

CÓDIGO DA OBRA 626014   CL 670790   CAE 628210

Para Michelle e Leo, duas fontes iluminadas de alegria que me lembram todos os dias que o amor é a única maneira de atingir nosso pleno potencial.

Sumário

Parte I – O GRANDE PROBLEMA
DO PEQUENO POTENCIAL 9

1 | O poder das conexões ocultas 11
    O milagre dos manguezais 11
    O poder dos outros 14

2 | Eleve o teto invisível do potencial 22
    Nu com a mão no bolso em Harvard 22
    Uma descoberta importante 27
    Repensando nossa definição de potencial 28
    O ecossistema do potencial 33
    Depenados e bicados até a morte 39
    O Círculo Virtuoso 45
    Propósito elevado 48

Parte II – AS SEMENTES DO GRANDE POTENCIAL 51

3 | Cerque-se de influências positivas: Crie sistemas estelares 53
Seja uma estrela em uma constelação 57
A Cidade Cinza 77

4 | Expanda o seu poder: Lidere em qualquer posição 80
"Eu salvei uma vida" 80
De fábrica de fracassos a fábrica de sucessos 85

5 | Expanda os seus recursos: Crie um Prisma de Elogios e reconhecimento 106

6 | Defenda-se das influências negativas: Proteja o sistema contra os ataques 133
O contrário da tristeza 133
Defenda-se da arte das trevas 135

7 | Sustente as conquistas: Use o poder coletivo a seu favor 165

Conclusão: Todas as crianças vão bem 193

Notas 197

PARTE I
O GRANDE PROBLEMA DO PEQUENO POTENCIAL

1

O poder das conexões ocultas

A criação de mil florestas começa com uma única semente.
— RALPH WALDO EMERSON

O milagre dos manguezais

Quando o crepúsculo se abateu lentamente sobre um manguezal às margens de um rio no sudeste da Ásia, um biólogo, a milhares de quilômetros de sua casa nos Estados Unidos, passou os olhos pela paisagem exuberante e exótica que se estendia por águas infestadas de cobras. Descendo o rio vagarosamente em seu bote, o professor Hugh Smith ouviu os chamados das criaturas noturnas saindo de seus covis e partindo de seus ninhos para dar início à caçada. A água reluzia sob as estrelas, intocada pela poluição das cidades distantes. O que aconteceu em seguida naquele úmido dia de 1935 ficou documentado na história acadêmica. Smith olhou para uma das árvores do manguezal, e de repente a copa inteira brilhou como se um raio tivesse se originado da árvore. E em um piscar de olhos tudo voltou a ficar escuro, deixando a imagem gravada em seus olhos.

Em seguida, o raio, como às vezes acontece, pareceu ter caído duas vezes no mesmo lugar.

A árvore toda voltou a brilhar e apagou, duas vezes em três segundos.[1] E, em um momento onírico, todas as árvores ao longo da margem do rio de repente reluziram ao mesmo tempo. Todas as árvores de um lado do rio, em uma extensão de 300 metros, acenderam e apagaram exatamente ao mesmo tempo.

É empolgante pensar que um observador paciente, criterioso e científico, cuja curiosidade para conhecer o mundo o levou a milhares de quilômetros de distância de sua rotina nos Estados Unidos, possa ter sido recompensado naquela noite por um espetáculo tão mágico da natureza.

Quando conseguiu se recuperar do choque e pensar no que estava acontecendo, ele percebeu que não eram as árvores que estavam brilhando, mas os diversos insetos bioluminescentes pousados nelas, todos se iluminando exatamente ao mesmo tempo. De volta ao seu país, o dr. Smith escreveu um artigo científico relatando sua descoberta dos insetos brilhando em sincronia. Parecia bom demais para ser verdade, como algo tirado de um livro de contos infantis. É triste dizer, mas não me surpreendi com o que aconteceu em seguida. Simplesmente ninguém acreditou nele. Os biólogos ridicularizaram seu relato, chegando a acusá-lo de ter inventado a história. Por que vaga-lumes machos emitiriam luz em sincronia, reduzindo suas chances de se destacar para suas potenciais parceiras? Os matemáticos também se mostraram céticos. Como isso poderia acontecer no caos da natureza sem um líder para orquestrar a ação? E os entomologistas se perguntaram como milhões de vaga-lumes seriam capazes de enxergar outros muitos vaga-lumes para criar um padrão, dada a visibilidade limitada de um manguezal. O fenômeno parecia física, matemática e biologicamente impossível.

Mas não era. Atualmente, graças aos avanços da ciência moderna, sabemos como e por quê. Acontece que esse comportamento intrigante tem uma finalidade evolutiva para os vaga-lumes. Em um artigo publicado na conceituada revista científica *Science*, os pesquisadores Moiseff e Copeland relataram que, quando os insetos se iluminam em momentos aleatórios, a probabilidade de uma fêmea reagir a um macho nos recessos profundos e escuros de um manguezal é de apenas 3%. Mas, quando os insetos se iluminam juntos, a probabilidade de suscitar uma reação das fêmeas sobe para 82%.[2] Não, isso não foi um erro de digitação. **A taxa de sucesso aumenta 79 pontos percentuais quando os vaga-lumes se iluminam em uma comunidade interconectada, em comparação a quando o fazem individualmente.**

A sociedade nos ensina que é melhor ser a única luz brilhante do que ser apenas mais uma luz numa floresta de luzes brilhantes. Afinal, não é assim que vemos o sucesso em escolas e empresas? Queremos nos formar com a melhor nota da turma, arranjar um emprego na melhor empresa e trabalhar no projeto mais cobiçado. Queremos que nosso filho seja o mais inteligente da escola, a criança mais popular do bairro, o mais rápido do time de futebol. Quando um recurso (como ser aceito na melhor universidade, conseguir uma entrevista em uma excelente empresa ou ser escolhido para jogar no melhor time) é limitado, aprendemos que precisamos competir para nos destacar na multidão.

Mas minhas pesquisas demonstram que não é bem assim que a coisa funciona. Os estudiosos dos vaga-lumes descobriram que, quando os insetos conseguem sincronizar os pulsos de luz com precisão surpreendente (na ordem de milissegundos!), eles eliminam a necessidade de competir. E, quando ajudamos uns aos outros a melhorar, podemos aumentar o número de oportunidades disponíveis em vez de ter de competir por elas. Como os vaga-lumes, quando aprendemos a coordenar nossas ações e colaborar, todos podemos brilhar mais, tanto individual quanto coletivamente.

Pare de ler por um momento e reflita. Como os vaga-lumes conseguem fazer isso? Como todos eles conseguem coordenar suas luzes piscantes com tamanha perfeição, especialmente considerando as limitações de sua visão e suas condições de visibilidade? Os pesquisadores Mirollo e Strogatz, do Boston College e do MIT, publicaram no *Journal of Applied Mathematics* que, surpreendentemente, os vaga-lumes não precisam ver todos os outros para criar uma ação coordenada. Desde que nenhum grupo de vaga-lumes esteja completamente fora do alcance da visão de qualquer outro grupo, todos eles conseguem criar uma sincronia entre si.[3] Em outras palavras, bastam alguns pontos de interseção para transformar o sistema todo.[4]

De acordo com o que está sendo descoberto sobre os "sistemas positivos", o mesmo pode ser aplicado aos seres humanos. Como veremos neste livro, ao se transformar em um *nó positivo* na rede do seu trabalho, da sua empresa ou da sua comunidade e ao ajudar os outros a serem mais criativos, produtivos, competentes, conhecedores etc., você não só estará ajudando o grupo a melhorar, como estará aumentando exponencialmente as suas próprias chances de sucesso.

Essa intrigante história dos vaga-lumes inclui um último detalhe importante. Os biólogos que estudaram os manguezais descobriram que o brilho que emana dessas florestas pode ser visto a quilômetros de distância, facilitando ainda mais que *outros* vaga-lumes sejam atraídos pela luz. Assim, quanto mais brilhante, mais insetos se unem ao grupo e maior será a luz produzida. O mesmo se aplica a pessoas: quanto mais você ajuda os outros a encontrar a luz deles, mais vocês poderão brilhar.

O poder dos outros

Quando George Lucas escreveu o roteiro da bilionária série Star Wars, ele não incluiu a fala mais emblemática da saga: "Que a Força esteja com você". Na verdade, nas primeiras versões da história, os personagens diziam "Que a Força *dos Outros* esteja com você". O que esse fato pouco conhecido da história do cinema tem a ver com a ciência do potencial? Como escreveu o autor de livros infantis Roald Dahl: "Os maiores segredos sempre estão escondidos nos lugares mais improváveis", e acredito que, escondidos nessa breve frase, se encontram tanto o problema que fundamenta a nossa busca equivocada do potencial quanto o segredo para aumentar exponencialmente o nosso sucesso, o nosso bem-estar e a nossa felicidade.

A sociedade passou a se concentrar demais no "poder do um isolado" em oposição ao "poder do um reforçado pelos outros". Hollywood enaltece a tal ponto os astros individuais que chega a gravar o nome de suas celebridades nas calçadas. Mas, quando adotamos essa postura nas empresas e nas escolas, com foco na realização individual e eliminando os "outros" da equação, o nosso verdadeiro poder permanece oculto. Por sorte, o que está oculto pode ser revelado.

Três anos atrás, enquanto pesquisava as conexões ocultas que fundamentam o sucesso e o potencial humano, fiz um enorme progresso. Me tornei pai.

Quando meu filho, Leo, chegou ao mundo, ele era absolutamente impotente, nem conseguia se virar no berço sozinho. Aos poucos, ele foi se tornando mais capaz. E, a cada nova habilidade que aprendia, como qualquer bom pesquisador da psicologia positiva faria, eu me pegava elogiando-o: "Leo, você conseguiu fazer tudo isso sozinho! Que orgulho!". Depois de um tempo, Leo começou a repetir para mim, com a voz baixa, mas cheia de orgulho: "Tudo sozinho".

Foi quando eu me dei conta de que, desde a infância e depois na fase adulta, no trabalho, somos condicionados a dar um valor desproporcional às coisas que conseguimos fazer por conta própria. Se eu continuasse a restringir meus elogios e a minha orientação daquele jeito, meu filho poderia crescer acreditando que a realização individual era a maior prova de seu mérito. Mas não é. A realização individual, na verdade, é muito limitada.

O ciclo começa bem cedo. Na escola, as crianças são treinadas para estudar sozinhas e com diligência para tirar notas melhores que as dos outros alunos nas provas. Se pedirem ajuda a seus colegas para fazer a tarefa ou os trabalhos, são punidas por colar. Elas têm de passar muito tempo fazendo a lição de casa, sendo forçadas a trocar a convivência com os colegas pelo trabalho solitário. São lembradas repetidamente que seu sucesso depende de métricas individuais, incluindo médias escolares e nota no vestibular. As estatísticas não confirmam a crença, mas essa abordagem de aprendizado acaba intensificando acentuadamente os níveis de estresse delas ao mesmo tempo que as priva de contatos sociais, tempo de sono, atenção, felicidade e saúde. Mas, em vez de questionar o sistema, nós criticamos as pessoas que se mostram incapazes de corresponder a esse frenesi de realização individual. Quando os alunos concluem os estudos, eles estão estressados, fragilizados e solitários e ainda descobrem que o sucesso e a felicidade que lhes prometeram não estão no fim desse arco-íris.

De repente, as mesmas pessoas que aprenderam tão bem a trabalhar sozinhas se descobrem incapazes de colaborar em equipe para levar um produto ao mercado ou ajudar a atingir uma meta. Enquanto isso, quem consegue uma posição de destaque não é aquele que tenta fazer tudo sozinho, mas quem é capaz de pedir ajuda e recrutar aliados. Os pais que ajudam os filhos a desenvolver uma abordagem equilibrada e conectada para buscar o sucesso são recompensados por sua persistência, enquanto os que instigam a realização individual em detrimento do desenvolvimento de conexões com os outros ficam sem saber o que fazer diante da estafa e da solidão de seus rebentos.

Passamos os primeiros 22 anos de vida sendo julgados e elogiados por nossos atributos individuais e pelo que somos capazes de realizar sozinhos, mas, pelo resto da vida, nosso sucesso é quase completamente interconectado com o dos outros.

Na última década, trabalhei com quase metade das empresas da Fortune 100 e fui a mais de cinquenta países para ver como as pessoas de diferentes lugares do mundo lidam com os conceitos de sucesso, felicidade e potencial humano. Em quase todos os países que visitei, constatei que a grande maioria das empresas, instituições de ensino e organizações mensura e recompensa o "alto desempenho" em termos de métricas individuais, como número de vendas, títulos em currículos e notas acadêmicas. O problema dessa abordagem é que ela se baseia em uma crença que até então parecia ter sido confirmada pela ciência:

de que vivemos num mundo da "sobrevivência do mais apto". De acordo com essa crença, o sucesso é um jogo de soma zero, e as pessoas com as *melhores* notas, o currículo *mais* impressionante ou a média *mais* alta serão as *únicas* a ter sucesso. A fórmula é simples: seja melhor, mais inteligente e mais criativo que todos os outros e você, inevitavelmente, terá sucesso.

Mas essa equação não fecha.

Graças às inovadoras pesquisas que veremos neste livro, atualmente sabemos que não é a lei da sobrevivência do mais apto que decide se vamos ou não atingir todo o nosso potencial, mas sim a **sobrevivência do mais encaixado**. Em outras palavras, o sucesso não é só uma questão de ser mais criativo, inteligente ou motivado, mas de ser capaz de se conectar com as pessoas, colaborar com elas e se beneficiar de suas relações sociais. Não é só uma questão de prestígio da faculdade na qual se formou ou da empresa em que trabalha, mas de como você se relaciona nesses ambientes. Não é só uma questão de notas ou de quantas vendas você conseguiu fechar, mas de como você complementa as habilidades da equipe.

Costumamos achar que, se trabalharmos com mais afinco, rapidez e eficácia, sem dúvida atingiremos todo o nosso potencial. Mas sabemos cientificamente que o maior obstáculo para atingirmos o sucesso e nosso pleno potencial não é a falta de produtividade, empenho ou inteligência, mas a abordagem que usamos para atingir esse objetivo. A busca do potencial não deve ser uma jornada solitária. A conclusão de uma década de pesquisas é clara: não avançamos mais rápido sozinhos; somos melhores juntos.

Ao nos atermos à velha fórmula do sucesso, deixamos de nos beneficiar de um enorme potencial. Vi isso acontecer com os meus próprios olhos durante os doze anos que passei em Harvard, observando estudantes caírem em fossos de hipercompetição e ficarem atolados em pântanos de estresse e dúvida da própria capacidade. Ao se darem conta de que não eram mais o único astro da turma, muitos desses alunos entravam em pânico. Eles se empenhavam mais, se isolando na tentativa de avançar mais rápido e brilhar mais que os outros. Só que o resultado acabava sendo a escuridão. Nada menos que 80% dos alunos de Harvard relataram ter tido depressão em algum momento de sua vida universitária.

Tendo levado a minha pesquisa ao redor do mundo, sei que o problema não se restringe aos alunos das melhores faculdades dos Estados Unidos. Em 1978, as pessoas diagnosticadas com depressão tinham em média 29 anos. Em 2009, a *idade média* despencou para apenas 14,5 anos.[5] Na última década, a incidência de depressão em adultos dobrou, bem como as internações de crianças de apenas 8 anos por tentativa de suicídio.[6] O que pode ter mudado tanto para justificar tudo isso? E, ainda mais importante, o que podemos fazer para resolver essa situação?

O problema é que demos ainda mais ênfase à realização individual, uma tendência impulsionada principalmente por duas importantes mudanças. Para começar, os avanços tecnológicos e o advento das mídias sociais possibilitam anunciar nossas realizações individuais 24 horas por dia, 7 dias por semana, estimulando constantemente a concorrência e, ao mesmo tempo, alimentando a insegurança. Em segundo lugar, a enorme pressão e a concorrência nas escolas e empresas na busca por atingir métricas de sucesso individual estão levando as pessoas a trabalhar mais, dormir menos e se estressar como nunca. Por sorte, um jeito melhor de fazer as coisas está começando a surgir.

Esse novo e empolgante caminho se baseia no meu estudo inicial sobre a felicidade. Em *O jeito Harvard de ser feliz*, escrevi sobre como podemos ser mais felizes adotando hábitos como exercícios de gratidão, praticando o otimismo e meditando. Só que, se focarmos apenas na felicidade individual, acabaremos dando de cara com uma limitação invisível que impede de sustentar ou aumentar a felicidade. O único jeito de elevar esse teto é usar a nossa felicidade para ajudar os outros a serem felizes também. Acabei constatando que, **embora a felicidade seja uma escolha, ela não é uma escolha meramente**

individual, mas interconectada. Acontece que, quando optamos por agir com gratidão ou alegria, acabamos facilitando aos outros ser alegres e gratos, o que, por sua vez, nos dá mais razões para sermos gratos e alegres.

Munido dessa constatação, mergulhei nas novas pesquisas que estão sendo realizadas e ficou mais do que claro que a felicidade é só a ponta do *iceberg*. Graças ao advento do *big data*, eu finalmente pude ver as conexões até então ocultas. Antes, estávamos limitados a fazer perguntas como: "Quão inteligente é você?", "Quão criativo?" ou "Quão empenhado?". Mas agora podemos fazer perguntas mais importantes: "Em que medida você ajuda as pessoas a serem inteligentes?", "Em que medida você inspira a criatividade?", "Em que medida a sua motivação contagia a sua equipe ou a sua família?" e "Em que medida você ajuda as pessoas a serem resilientes?". Quando respondemos a esse tipo de pergunta, vemos que os maiores sucessos não ocorrem isoladamente. Pesquisas parecem confirmar que **praticamente todos os atributos do nosso potencial (incluindo a inteligência, a criatividade, a liderança, a personalidade e o engajamento) são interconectados com os de outras pessoas**. Para atingir o nosso pleno desenvolvimento físico, emocional e espiritual, precisamos mudar a nossa busca pelo potencial da mesma forma que precisamos mudar a busca pela felicidade: devemos parar de tentar avançar mais rápido sozinhos e nos voltar a ser mais fortes juntos.

Ao criar ambientes hipercompetitivos que só celebram as conquistas individuais, empresas e escolas deixam de se beneficiar de grande parte do talento, da produtividade e da criatividade das pessoas. Enfatizar as realizações individuais e retirar os outros da equação reduz nosso potencial impondo um limite artificial à nossa capacidade de ter sucesso. A vantagem é que esse limite é artificial porque pode ser elevado. Quando ajudamos os outros a ter sucesso, não só melhoramos o desempenho do grupo como também ampliamos exponencialmente o nosso próprio potencial. Chamo esse fenômeno de Círculo Virtuoso, um ciclo de *feedback* positivo no qual ajudar as pessoas a melhorar nos dá acesso a mais recursos, energia e experiências que, por sua vez, ajudam a melhorar a nós mesmos, reforçando o círculo. Em outras palavras, ajudar os outros a melhorar eleva o nosso sucesso a um novo patamar. Visto isso:

> PEQUENO POTENCIAL é o sucesso limitado que podemos atingir sozinhos.
> GRANDE POTENCIAL é o sucesso que só podemos atingir em um Círculo Virtuoso formado com outras pessoas.

Neste livro, descreverei oito projetos de pesquisa que conduzi em colaboração com colegas e pesquisas acadêmicas de ponta que unem os campos da neurociência, psicologia e análise de redes para criar um novo campo de pesquisa de sistemas positivos. Sei que você não está lendo este livro só para se informar sobre as últimas pesquisas (outros livros fazem isso bem melhor). Sei que você está em busca de recomendações práticas que possam ser aplicadas hoje mesmo. Por isso, passei os últimos três anos criando uma abordagem para atingir o Grande Potencial com base nesses estudos e no meu trabalho com a NASA, a NFL (Liga Nacional de Futebol Americano), a Casa Branca e outras organizações, bem como nas minhas conversas com pessoas de enorme sucesso, incluindo Will Smith, Oprah Winfrey e Michael Strahan, que estão colocando em prática os princípios do Grande Potencial.

Essa abordagem é composta de cinco estágios, que chamo de SEMENTES do Grande Potencial: CERCAR-SE de um sistema estelar de influências positivas; EXPANDIR o seu poder ajudando as pessoas a liderar em qualquer posição; APRIMORAR os seus recursos transformando-se em um Prisma de Elogios; DEFENDER o sistema contra ataques negativos; e SUSTENTAR suas conquistas reforçando o Círculo Virtuoso. As sementes são a metáfora perfeita para essas pesquisas porque elas não conseguem crescer sozinhas, sem a ajuda do sol, do solo e da água. Da mesma forma, podemos elevar o nosso potencial, mas não temos como fazê-lo sozinhos. O maior crescimento é obtido mobilizando o potencial das pessoas ao nosso redor.

Não podemos mais nos contentar competindo uns com os outros pelas migalhas do Pequeno Potencial. Precisamos procurar as novas fronteiras do potencial humano e recrutar pessoas para nos seguir. As novas demandas do mundo requerem que voltemos a incluir "a força *dos outros*" na nossa equação. Tudo começa encontrando as conexões ocultas entre vaga-lumes piscantes, nudez em Harvard, galinhas sem penas e uma dança desajeitada com a Oprah.

2
Eleve o teto invisível do potencial

Nu com a mão no bolso em Harvard

Numa noite nevada, quando ainda era um calouro em Harvard, eu estava acordado até tarde estudando para as provas. A noite marcava o fim das duas exaustivas semanas chamadas de Período de Leitura, no qual os alunos são dispensados das aulas para se preparar para os exames. Na verdade, esse é o período em que os professores passam os maiores projetos para os alunos executarem, além da preparação para os exames. O estresse dos estudantes preparando-se para exibir seu potencial individual chega a ser palpável nas bibliotecas e nos refeitórios do campus.

Naquela noite, poucos minutos antes da meia-noite, com os olhos vermelhos depois de passar seis horas seguidas estudando, olhei pela janela e deparei com uma cena incomum. Centenas de estudantes estavam reunidos na frente do meu dormitório e, ainda mais bizarro, começavam a tirar as roupas. Em meio à névoa mental gerada pelas horas de estudo, me perguntei se estava sonhando ou se havia pirado de tanto estudar. Então eles começaram a gritar.

Algumas páginas atrás falei sobre os vaga-lumes dos manguezais que atraem suas parceiras exibindo em sincronia na noite escura sua luz brilhante. E eu estava prestes a testemunhar uma exibição diferente.

Todos os anos, à meia-noite da véspera do início das provas, os alunos de Harvard participam do chamado Grito Primitivo, uma antiga tradição que algumas pessoas atribuem a antepassados claramente não muito puritanos. Enquanto um dos fundadores dos Estados Unidos, John Adams, deixava sua marca na história ao assinar a Declaração da Independência, seu filho Charles ficaria para a história ao ser detido correndo pelado com os amigos pelo campus de Harvard.[1] Eles foram expulsos da universidade, mas acabaram sendo aceitos de volta (pelo jeito, se o seu pai for o fundador de uma nação, você tem direito a pelo menos uma carta branca), e o evento acabou virando uma tradição, que é mantida até hoje. Mais de 300 anos depois, os alunos mais corajosos e/ou embriagados se reúnem em frente a um dos dormitórios de Harvard, o Mower Hall, e tiram as roupas. Alunos semicongelados e totalmente nus se põem a correr em um grupo coeso pelo gramado coberto de neve, amontoando-se para se aquecer. Milhares de espectadores saem dos dormitórios para curtir o espetáculo. E, por alguns breves momentos, a ansiedade de não conseguir atingir seu pleno potencial nas provas é substituída pelo medo (bastante concreto) de morrer de frio, sem falar do potencial constrangimento na frente dos colegas.

Aquela foi a primeira vez que vi o Grito Primitivo. Permita-me fazer um breve parêntese para esclarecer dois fatos aos leitores que não me conhecem. Em primeiro lugar, antes de entrar em Harvard, eu tinha passado a maior parte da minha vida na cidadezinha de Waco, no Texas, onde usar roupas não só era um hábito bastante encorajado como correr pelado na neve teria sido um fato inédito, simplesmente porque lá não neva. Em segundo, sou um cara tímido. Nunca fui a uma casa noturna, nunca abordei uma garota num bar e nunca nadei pelado. Naquela noite, ao ver o espetáculo pela janela do meu quarto no primeiro andar do dormitório, não pude deixar de pensar se eu não estaria deixando passar o melhor da vida universitária. Lá estava eu, enclausurado no quarto, lendo sobre a vida em Roma sob comando do imperador Augusto, enquanto meus colegas curtiam a vida em sua plenitude. E foi pensando assim que decidi entrar na dança.

Meu cérebro fatigado não estava raciocinando muito bem, e achei que a melhor estratégia seria me despir no quarto, esperar o grupo passar por mim e me unir furtivamente a ele, protegido pela escuridão. Quando saí do prédio e a porta do dormitório se fechou atrás de mim, percebi imediatamente o meu primeiro erro. Vindo de uma cidade ensolarada do Texas, não passou pela minha cabeça que seria interessante usar sapatos para uma corrida (pelado ou não) na neve. Foi então que me dei conta do meu segundo erro: eu deixara o meu cartão de identificação, do qual precisaria para entrar no dormitório, no bolso da calça, que tinha ficado largada no chão do quarto. Quando pensava no que fazer, me dei conta do terceiro erro, talvez o maior de todos: eu estava sozinho. Eu jamais teria como entrar no grupo de nudistas sem chamar atenção. Afinal, se você estiver pelado no meio de um grupo, o seu rosto não passa de mais um na multidão. Mas, se tentar correr pelado sozinho pelo campus, como Will Ferrell na comédia *Dias incríveis*, é impossível passar despercebido.

Preso do lado de fora do dormitório, morrendo de frio e pensando em qual parte do corpo congelaria primeiro, uma colega igualmente tímida passou por mim levando um monte de livros a caminho da biblioteca. Ela deu um grito e nós dois recorremos a uma estratégia milenar: ao fingirmos não ver uma coisa, podemos nos convencer de que ela nunca aconteceu. Com o rosto enrubescido e os dedos dos pés azulados de frio, entrei pela porta entreaberta do dormitório, corri para o meu quarto e me vesti afobadamente. Nos quatro anos restantes que passei na universidade, minha colega jamais mencionou minha tentativa frustrada de participar de uma tradição de 300 anos: minha corrida nu terminou a dois passos do dormitório. Eu, por minha vez, jamais mencionei que ela foi a única garota a me ver sem roupa durante a faculdade.

Considerando as cenas de nudez, os jargões científicos e uma ou outra situação adulta, este livro pode não ser recomendado para menores de 14 anos. Mas decidi contar essa história não pelos detalhes despudorados, mas por ser um belo exemplo de uma dura e fria verdade: tem coisas neste mundo que jamais devemos tentar fazer sozinhos e é melhor contar com a ajuda dos outros. Tentar atingir seu pleno potencial sozinho é, de certa forma, como ser aquele calouro despido e descalço que nunca chegou a correr pelado pelo campus: será uma experiência fria e solitária, e você provavelmente não irá muito longe. Correr em um grupo, por outro lado, é o que acontece quando se mobiliza o poder do Grande Potencial: você poderá ir muito mais longe (mesmo em condições extremas) do que conseguiria avançar por conta própria.

Reid Hoffman, cofundador e presidente do conselho do LinkedIn, resume bem essa ideia: "Você pode ter a mente ou a estratégia mais brilhante do mundo, mas, se jogar sozinho, sempre perderá para um time". Steve Jobs, o finado fundador e CEO de uma das empresas mais competitivas e poderosas da história, declarou: "As grandes realizações jamais são resultado do trabalho de uma só pessoa. Elas são sempre concretizadas por uma equipe". Os SEALs, grupo de elite da Marinha dos Estados Unidos, fazem abdominais de braços dados para aprenderem a enfrentar o estresse "juntos", e não solitariamente. Eles têm um excelente ditado: "Pessoas sozinhas podem até jogar o jogo, mas os times ganham apesar de todas as adversidades".

O ritual do Grito Primitivo em Harvard mostra que, em momentos de estresse, precisamos mais do que nunca da força dos outros. É o que confirma um estudo publicado na revista *Nature* por meio do qual, com base na análise de 80 mil interações entre estudantes universitários, foi constatado que os melhores alunos formavam o maior número de contatos sociais e usavam um número maior de maneiras de compartilhar informações.² Em uma incrível pesquisa publicada no *Journal of Experimental Social Psychology*, pesquisadores descobriram que, ao analisar a dificuldade de subir um morro, a mera presença de uma rede social de apoio tem o poder de transformar a sua percepção. Se olhar para um morro ao lado de uma pessoa que considera um amigo, o morro lhe parecerá de 10% a 20% menos íngreme do que se estivesse sozinho.³ Essa descoberta é impressionante. **A percepção do mundo é transformada ao incluir outras pessoas na busca para atingir seu objetivo.** Esse resultado continua válido mesmo se o amigo estiver a um metro de distância, virado para a direção oposta e em silêncio! Se pararmos para pensar, vemos que faz muito sentido evolutivo. As pessoas contribuem com recursos e apoio, e por isso, mental e fisicamente, as montanhas podem parecer menos íngremes, os sucessos, mais viáveis e os obstáculos, mais contornáveis se tivermos pessoas ao nosso lado.

Mas por que pessoas estressadas no trabalho se retiram para suas salas, isolando-se dos colegas para tentar dar conta de uma tarefa? Por que estudantes universitários reagem à pressão e ao estresse se isolando dos amigos, refugiando-se num canto da biblioteca ou consumindo um monte de cafeína, Ritalina e antidepressivos? Quando atuei como orientador de calouros em Harvard, li os documentos de admissão de centenas de estudantes e constatei, para meu espanto, que o número de alunos que queriam ficar sozinhos era muito maior que o número de estudantes que preferiam ter um companheiro de quarto. Não era porque os quartos individuais eram maiores ou mais agradáveis, mas porque os estudantes acreditavam, equivocadamente, que a presença de outras pessoas os distrairia ou reduziria sua vantagem competitiva. No entanto, esses alunos acabavam abrindo mão do único fator que efetivamente prevê o sucesso e o bem-estar no futuro: a companhia de outras pessoas. É por isso que Harvard precisava desesperadamente de um curso chamado Psicologia 1504.

Uma descoberta importante

O dr. Tal Ben-Shahar sempre foi um pensador original e inovador. Começou a ensinar a psicologia positiva em Harvard antes de qualquer pessoa ter ouvido falar sobre o assunto. Pouco depois da minha tentativa fracassada de me unir ao bando de pelados, um dos professores mais ponderados e autênticos da universidade lançou um curso experimental. No ano seguinte, Tal me convidou para ser professor-assistente do curso Psicologia 1504, que abriria a psicologia positiva para a universidade toda. No primeiro dia, apesar de Harvard ter nos dado a maior sala do campus, a multidão era tão grande que mal sobrava ar para respirar. Nos dois anos seguintes, um em cada cinco alunos da universidade teria feito o curso. Parecia que os alunos achavam importante aprender a melhorar seu bem-estar emocional em um ambiente extremamente competitivo.

Naquele período, concebi e executei um dos maiores estudos de potencial humano jamais conduzidos na universidade: 1.600 estudantes doaram quase uma hora de seu tempo para responder a uma bateria de questionários psicométricos validados e outras perguntas. Meu objetivo era identificar a matriz de atributos individuais capazes de prever quais estudantes seriam os mais felizes e os mais bem-sucedidos. Em outras palavras, será que eu tinha como prever o aluno ideal de Harvard? O volume de dados foi tão grande que meu *laptop* barato não conseguiu dar conta das análises. Eu tinha coletado informações sobre tudo, incluindo a renda familiar dos estudantes, suas notas no ensino médio e no vestibular, horas de sono, quantas disciplinas estavam fazendo, de quantos clubes eles participavam e muito mais.

Mas, assim que comecei a analisar os dados, me dei conta de um problema. Os atributos individuais dos alunos praticamente não tinham nenhuma correlação com seu desempenho e sucesso. Estatisticamente, os que tiraram as notas mais altas no vestibular podiam estar tendo um desempenho acadêmico mediano na faculdade. Os alunos mais pobres eram tão felizes quanto seus colegas endinheirados e tiravam notas similares. O número de amigos no Facebook não previa nada, nem mesmo a extroversão. Cada vez mais frustrado ao ver que eu tinha me dado todo aquele trabalho sem conseguir encontrar praticamente nenhuma correlação expressiva, finalmente deparei com uma enorme exceção: a conexão social.

Aplicando a mais conhecida escala validada para mensurar o nível de interconexão e apoio social que a pessoa sente na vida, descobri que a conexão social era, de longe, o principal fator preditivo do sucesso, tanto pessoal quanto acadêmico, em Harvard. A conexão social também se mostrou fator importante para o bem-estar emocional e o otimismo do respondente, o maior antídoto contra a depressão, além de prever o estresse que a pessoa sentia por causa das provas e da concorrência acadêmica. E, depois de formado, a conexão social também é um dos principais fatores preditivos de desempenho profissional. As evidências pareciam sugerir uma conclusão maluca: o sucesso em Harvard dependia menos dos atributos individuais de um aluno e mais de sua relação com a cultura e os colegas. Dito de outra forma, **o potencial de sucesso em Harvard tinha menos a ver com a "sobrevivência do mais apto" e mais a ver com a "sobrevivência do mais encaixado"**.

Pode parecer que os alunos mais promissores seriam as estrelas capazes de brilhar mais, só que na verdade quem mais brilhava eram os alunos que encontravam seu lugar em uma constelação de estrelas. E, como eu logo viria a descobrir, a validade do conceito se estende muito além do campus de Harvard, com importantes implicações para a maneira como vemos o potencial nas nossas empresas, nas nossas equipes e na nossa vida pessoal e profissional.

Repensando nossa definição de potencial

Um ano antes de escrever este livro, fui convidado para dar uma palestra em uma conferência do Google batizada de re:Work. A conferência foi concebida para "abrir o código" e divulgar boas ideias a fim de promover mudanças organizacionais. Na véspera da minha apresentação, compareci a um jantar em um restaurante vegano com iluminação suave e paredes revestidas de cedro (exatamente o que eu esperava da Califórnia e do Google). Sentei-me ao lado de um homem sorridente que eu não reconheci, mas que fez algumas perguntas bem interessantes sobre as minhas pesquisas. Foi só na manhã seguinte, quando o homem subiu ao palco, que soube que ele não só era o líder da conferência como também um dos líderes empresariais mais respeitados do mundo.

Laszlo Bock liderava o mundialmente famoso departamento de recursos humanos do Google, o People Operations. Ele possui uma mistura de liderança gentil e brilhantismo focado que, sem dúvida, ajudou o Google a se tornar a melhor empresa para trabalhar ano após ano e lhe rendeu a distinção de Profissional de Recursos Humanos da Década. Como descreve em seu livro *Um novo jeito de trabalhar*, a capacidade excepcional da empresa de contratar sistematicamente os talentos mais criativos e de alto potencial se baseia (e talvez ninguém se surpreenda) na prática do Google de coletar montanhas de dados sobre praticamente qualquer coisa.

Big data é o termo usado para referir-se a enormes volumes de dados digitais gerados cada vez que entramos em um site, usamos uma rede social, fazemos uma compra na internet e assim por diante. Esse conceito tem recebido muita atenção nos últimos anos, já que os sofisticados algoritmos que passaram a ser usados para extrair tendências e padrões desses dados permitiram *insights* importantes a respeito do comportamento humano. O *big data* está mudando tudo, inclusive como as empresas fazem negócios, como os governos lidam com tendências populacionais, como médicos e profissionais de saúde pública diagnosticam doenças. Mas nem todo mundo sabe que o *big data* também é uma das melhores ferramentas à disposição para ajudar a entender o Grande Potencial. Com tantos dados ao alcance, não precisamos mais nos limitar a mensurar atributos individuais, como inteligência, criatividade ou felicidade. Também podemos avaliar como afetamos a inteligência, a criatividade e a felicidade *dos outros*.

Foi por isso que, alguns meses depois, quando a equipe da Oprah me pediu para sugerir cinco líderes para ela entrevistar em nosso curso sobre a felicidade, agarrei a chance de chamar Laszlo, na esperança de aprender como uma das empresas de maior sucesso do mundo consegue prever a grandeza e o potencial. Em outras palavras, eu queria saber mais sobre o Projeto Aristóteles.

Para decifrar o código do verdadeiro potencial, os cientistas de dados da mundialmente famosa equipe People Analytics do Google lançaram uma iniciativa de *big data* com o codinome, não muito secreto, de Projeto Aristóteles. A missão inicial era montar a equipe perfeita. À primeira vista, pode parecer uma tarefa simples. Para montar a equipe dos sonhos, bastaria escolher as pessoas de melhor desempenho, certo? Tudo bem, então a próxima pergunta seria: quais atributos específicos você procuraria? QI alto? Fluência em vários idiomas? Capacidade de resolver rapidamente equações quadráticas de cabeça? Basicamente, o Projeto Aristóteles estava utilizando a maior tecnologia de algoritmos da história da humanidade para descobrir as respostas a essas perguntas. Ao analisar um volume incrível de dados (incluindo milhares de respostas de integrantes de 180 equipes) sobre diversos temas, como introversão, competências, inteligência, personalidade e histórico profissional, o Projeto Aristóteles buscou traçar o perfil perfeito para a empresa. A conclusão foi espantosa e pôs em xeque tudo o que você acha que sabe sobre potencial.

Eles descobriram que não existe um perfil definido de um "colaborador perfeito". O Projeto Aristóteles chegou mais ou menos à mesma conclusão que o meu estudo em Harvard: quando se trata de potencial, atributos e aptidões individuais não são bons fatores preditivos do sucesso em uma equipe. Um dos líderes da prestigiosa divisão People Analytics do Google, Abeer Dubey, resumiu a ideia nos seguintes termos: "Nós, do Google, somos muito bons em encontrar padrões, mas não encontramos nenhum padrão definido. *A parte do 'quem' da equação não parecia fazer nenhuma diferença*".[4] Uau! Pare por um momento para digerir a informação. A melhor empresa do mundo em encontrar padrões não conseguiu encontrar um no qual as habilidades individuais, aperfeiçoadas em isolamento, previssem o sucesso de uma pessoa em uma equipe. Em outras palavras, não faz diferença se você tem QI estratosférico, diversos diplomas, como é a sua personalidade ou as notas que tirou na escola; não faz diferença quantos cursos de especialização fez, se é uma pessoa supercriativa ou quantas línguas fala. Voltando ao que já constatamos anteriormente, o que importa é a "sobrevivência do mais encaixado". Como eu descobri em Harvard, e como o Google confirmou usando a melhor tecnologia de análise de dados disponível, não adianta mensurar essas variáveis ao tentar prever o sucesso e o potencial. O problema é que essas métricas eram atributos *individuais*. O "quem" da equação, em outras palavras, só mensura o nosso Pequeno Potencial. E o Pequeno Potencial nem chega perto de prever o nosso potencial de atingir o sucesso na vida pessoal e profissional.

Mesmo assim, insistimos em nos focar no "quem" em processos de seleção acadêmica e profissional, em entrevistas de emprego e outras formas de avaliação. Um pouco como a descoberta do dr. Smith sobre os vaga-lumes atuando em sincronia levou os cientistas a questionar tudo o que eles achavam que sabiam sobre o comportamento animal, o Google parecia estar pondo em xeque uma realidade igualmente básica sobre a natureza do potencial. Como as habilidades, as competências, a inteligência, a personalidade e as experiências podem *não* prever o grau de realização de uma pessoa?

Se esses atributos individuais não servem para prever o sucesso e o potencial, o que fazem? A resposta é clara: tudo depende do ecossistema que nos cerca. O Projeto Aristóteles descobriu que, se (1) os integrantes da equipe apresentassem alta "sensibilidade social", ou seja, grande consciência da importância das conexões sociais, e (2) se a equipe cultivasse um clima de igualdade entre os integrantes, no qual todos se sentissem seguros expondo suas opiniões, a equipe conseguiria melhorar seu desempenho cada vez mais. Em outras palavras, o sucesso no Google, assim como em Harvard, não depende da sobrevivência do mais apto, mas sim da do mais encaixado.

Passamos décadas mensurando a inteligência individual, bem como a criatividade, o engajamento e a determinação. No entanto, estamos deixando de mensurar um fator muito mais importante. Em um estudo publicado na revista *Science*, pesquisadores do MIT, do Union College e da Carnegie Mellon finalmente encontraram um método para medir sistematicamente a inteligência de um *grupo*, e não de um indivíduo.[5] Assim como prevemos o sucesso de um estudante ao resolver um problema, agora podemos prever o sucesso de um *grupo* de pessoas ao resolver um ou mais problemas. Seria fácil presumir que, se reuníssemos pessoas de alto QI em um grupo, elas naturalmente apresentariam uma elevada inteligência coletiva. Mas não é o que acontece. Os pesquisadores constataram que uma equipe de pessoas com competências individuais medianas, mas com elevada inteligência *coletiva*, exibiria continuamente taxas de sucesso mais altas em comparação com uma equipe de gênios individuais.

Eles concluíram que o "fator da inteligência coletiva geral que explica o desempenho do grupo em uma ampla variedade de tarefas" era "*uma propriedade do grupo e não só de seus integrantes*". Ou seja, o grupo mais inteligente não é necessariamente aquele composto das pessoas mais inteligentes. Ou, como Aristóteles disse numa frase célebre: "O todo é maior que a soma de suas partes".

Essa descoberta abre as portas para uma maneira completamente nova de ver o desempenho no trabalho. Dei mais de 800 palestras para colaboradores de "alto potencial", mas, graças às novas pesquisas que apresentarei neste livro, atualmente sei que, na verdade, esses métodos só estão medindo o Pequeno Potencial. Minha equipe de pesquisa e eu estávamos começando a ter uma revelação surpreendente: o seu potencial é muito maior do que você. O seu sucesso, o seu bem-estar e o seu desempenho estão conectados ao sucesso, ao bem-estar e ao desempenho dos outros. Para a nossa surpresa, descobrimos que os atributos que contribuem para o sucesso estão interconectados de tal forma que, quando ajudamos as pessoas ao nosso redor a melhorar, melhoramos não só o desempenho coletivo do grupo, mas também o desempenho de cada um dos integrantes. Como veremos nas próximas páginas, quando ajudamos os outros a ter mais sucesso, também **elevamos o teto invisível do nosso próprio sucesso**.

O ecossistema do potencial

Quando os lobos foram reintroduzidos no Parque Nacional de Yellowstone, só tinha sobrado uma colônia de castores em todo o local, devido em parte à grande população de alces devorando a vegetação. Com a reintrodução dos lobos, os alces foram forçados a se manter em movimento. Como esses animais não ficavam mais no mesmo lugar comendo os brotos de salgueiros, as árvores puderam crescer e fornecer a madeira de que os castores precisavam para construir suas barragens. Os castores voltaram, a vegetação vicejou e o equilíbrio do ambiente foi restaurado. Incrivelmente, uma única mudança levou a um verdadeiro efeito cascata que transformou o ecossistema.

Podemos ver efeitos propagadores similares no que eu chamo de Ecossistema do Potencial, a rede de conexões que determina nossos sucessos e resultados. Empresas, instituições de ensino e comunidades de todo o mundo passaram anos usando métricas limitadas para avaliar o sucesso e o potencial. Elas partiam da premissa de que os atributos que contribuem para o nosso potencial, como a inteligência, o engajamento, a criatividade e até a saúde, eram individuais e fixos. E ponto-final. Tomavam grandes decisões, desde qual candidato contratar ou promover (e quanto pagar) até em qual empresa investir e qual estudante admitir na faculdade, com base em uma única referência de dados, como os resultados de vendas individuais do colaborador, onde fez a pós-graduação ou seu QI. Elas simplesmente não tinham como mensurar nada além do desempenho individual da pessoa em uma prova ou no cumprimento de uma meta de vendas.

Atualmente sabemos que os atributos que contribuem para o nosso potencial não são individuais nem fixos, mas sim interconectados por todo o nosso ecossistema. Com a ajuda do *big data* e de pesquisas no campo dos sistemas positivos, hoje temos as ferramentas necessárias e uma gama de dados que nos permitem enxergar padrões até então ocultos. Pela primeira vez na história, estamos quantificando como cada um de nós afeta as pessoas ao nosso redor e, também, como os outros nos afetam.

O coração ocupa o centro das primeiras pesquisas sobre o Ecossistema do Potencial. Na verdade, 5 mil corações. O famoso Estudo Cardíaco de Framingham, que teve início em 1948, é uma das pesquisas mais importantes que validam o conceito do Grande Potencial. Quase setenta anos depois, em 2017, fui convidado para dar uma palestra no National Institutes of Health, o órgão do governo dos Estados Unidos que financia essa profunda investigação dos fatores de risco das doenças cardíacas. O estudo, que se estendeu por décadas na cidade de Framingham, no estado de Massachusetts, chegou a resultados interessantes sobre a relação entre as conexões sociais e a saúde cardiovascular. Embora os resultados da pesquisa sejam amplos e complexos demais para explicar em detalhes aqui, a principal conclusão que tirei daquele encontro foi que eles descobriram que ter pessoas saudáveis na comunidade ou na rede de relacionamentos efetivamente aumenta as chances de sermos mais saudáveis também. Essa descoberta e outras constatações similares abriram as portas para todo um campo de estudo que combina a psicologia positiva e o *big data* para demonstrar que o ecossistema social afeta muito mais do que apenas a saúde física.

Enquanto isso, do outro lado do rio Charles, o pesquisador Nicholas Christakis, da Faculdade de Medicina de Harvard, uniu forças com James Fowler, da Universidade da Califórnia em San Diego, para estender ainda mais essa linha de pesquisa. Se a saúde física for interconectada, eles se perguntaram, será que a saúde emocional e a felicidade também não podem ser?[6] Por incrível que pareça, Fowler e Christakis descobriram que a saúde emocional e a felicidade estão mais interconectadas do que imaginamos. De acordo com a análise, **se você for mais feliz, qualquer amigo dentro de um raio de 1,5 quilômetro terá 63% mais chances de ser mais feliz também**. Impressionante, não? Nessa mesma lógica, descobriram que, se você não estiver feliz no momento, mas se cercar de pessoas felizes, aumentará enormemente as suas chances de encontrar a felicidade. Em resumo, estar rodeado de pessoas felizes não garante a sua felicidade, mas aumenta consideravelmente as suas chances.

Isso é só a ponta do *iceberg*. Hoje em dia sabemos que a saúde e a felicidade não são os únicos atributos interconectados. A personalidade, a criatividade, a energia, o engajamento, a liderança e até o desempenho das vendas são fatores afetados pelas pessoas pelas quais você escolhe se cercar. **Em outras palavras, conectar-se com pessoas de alto potencial aumenta acentuadamente as nossas chances de obter resultados de alto potencial.**

Em um importante estudo publicado em um dos periódicos de psicologia de maior prestígio do mundo, o *Journal of Personality and Social Psychology*, pesquisadores da Universidade Estadual de Michigan demonstraram que a personalidade não é uma constelação de atributos individuais, mas um conjunto de atributos interconectados. As pessoas que nos cercam não só afetam enormemente quem somos, mas a influência delas também começa a criar raízes em uma idade muito tenra. Por exemplo, eles descobriram que, quando crianças de 3 ou 4 anos conviviam com colegas empenhados ou expansivos, elas também começavam a se empenhar mais e a adotar atitudes mais expansivas.*

---

* Os pesquisadores conduziram um estudo longitudinal para ver como o controle do empenho, as emoções positivas e negativas e as interações sociais mudavam com o tempo.

Constataram ainda que, quando conviviam com pessoas atentas, cuidadosas e brincalhonas, as crianças também incorporavam esses mesmos atributos. Por outro lado, quando cresciam cercadas de pessoas incapazes de prestar atenção e desobedientes ou impulsivas, elas passavam a ser desobedientes ou impulsivas.[7] Jennifer Watling Neal, coautora do estudo, escreveu: **"A descoberta de que os traços de personalidade são transmissíveis entre as crianças contradiz diretamente as premissas de que a personalidade não pode ser mudada"**.

Outros atributos, incluindo a paciência, a energia e a introversão/extroversão, também são "transmissíveis", ou "contagiantes". Numa pesquisa realizada em Paris, ao se pedir aos participantes que tomassem uma série de decisões depois de observar as decisões de pesquisadores ocultos (que, na verdade, eram algoritmos de inteligência artificial), verificou-se que, quando os participantes observavam decisões mais "preguiçosas", eles tinham mais chances de também tomar decisões preguiçosas e, quando observavam decisões pacientes e cautelosas, eles eram mais propensos a serem igualmente mais pacientes e mais cautelosos nas suas decisões.[8] Embora seja muito fácil rotular as pessoas como tendo baixa ou alta energia ou como introvertidas ou extrovertidas, os pesquisadores descobriram que atributos como esses são "dependentes da situação" e são afetados pelas pessoas com quem convivemos. De acordo com o professor Brian Little, de Harvard, um introvertido moderado torna-se mais extrovertido em um grupo de pessoas mais introvertidas, enquanto um extrovertido moderado torna-se mais quieto e mais introvertido na presença de extrovertidos mais ruidosos e sociáveis.

Até a genialidade é interconectada. Se eu lhe pedisse para dizer o nome de alguns dos gênios mais icônicos da história, quais nomes lhe viriam à mente? Einstein, Edison e Shakespeare? Nossa cultura retrata pessoas como as mencionadas como figuras grandiosas e imponentes, capazes de entrarem sozinhas numa sala e saírem com ideias absolutamente revolucionárias. Não é bem assim. Edison, por exemplo, foi um dos inventores mais prolíficos da história recente, tendo registrado mais de 1.900 patentes. Mas os historiadores não sabem dizer ao certo se ele inventou qualquer coisa sozinho. A maioria das invenções atribuídas a Edison na verdade foi concebida em colaboração com a equipe de inventores que trabalhava com ele.[9] Isso não quer dizer que ele não foi brilhante, mas que é um exemplo perfeito do que podemos realizar quando reconhecemos que o potencial é interconectado. Edison conseguiu se tornar um dos inventores mais importantes de todos os tempos porque, ao ajudar sua equipe a ser mais criativa, ele incentivou o pleno potencial de seu ecossistema. Em outras palavras, ele incentivou o Grande Potencial.

Minha antiga professora de Shakespeare, Marjorie Garber, disse em uma aula que o significado da palavra "gênio" foi distorcido com o tempo. Originalmente era possível "*ter* gênio" (no sentido de talento, capacidade), mas era impossível *ser* um gênio. Ninguém podia "possuir" a inspiração porque, por definição, "inspirar-se" significa que você é o destinatário ou o receptor da inspiração. Minha amiga e uma das pessoas de quem mais gosto neste mundo é Elizabeth Gilbert, a famosa autora de *Comer, rezar, amar*. Em seu livro *Grande magia*, ela argumenta que devemos retomar a ideia de que todos os maiores gênios têm musas que os inspiram e que trazem à tona sua grandeza. Eu adoro o trecho do livro no qual ela descreve um escritor que literalmente se vestia com suas melhores roupas e desfilava, empertigado, pela sala para convencer a Inspiração de que ele era digno de sua atenção. O que eu quero dizer com isso é que **o Grande Potencial, assim como a genialidade, a criatividade e a inspiração, não é algo que podemos *ter*, mas algo que podemos explorar**.

Ao contrário do mito do gênio solitário, a inovação e a criatividade têm menos a ver com atributos ou aptidões individuais e muito mais a ver com as pessoas ao nosso redor. Por que você acha que algumas das maiores realizações artísticas do mundo moderno resultaram da colaboração de compositores, escritores e artistas em encontros de intelectuais, exposições coletivas ou colônias de artistas? Por que acha que músicos e "criativos culturais" vão a festivais e escritores se reúnem em retiros isolados? Eles sabem que a proximidade com outras pessoas criativas é a melhor maneira de liberar a criatividade. É o que eu chamo, no Capítulo 3, de *pressão social positiva*.

Também no trabalho precisamos dos outros para nos inspirar e estimular a criatividade. Em um estudo, pesquisadores descobriram que os funcionários que trabalhavam para um líder transformador (que inspira com uma visão clara e encoraja os subordinados a ter novas ideias e se abrir a novos pontos de vista) eram consideravelmente mais criativos e mentalmente flexíveis (um pré-requisito para a inovação) do que funcionários que trabalhavam para um líder transacional (que distribui elogios e recompensas em troca do alto desempenho individual).[10]

O ecossistema que nos cerca também pode ter um profundo impacto em quão morais e caridosos somos. Em um dos meus estudos favoritos, a pesquisadora Katie Carman analisou uma empresa de 75 funcionários e descobriu exatamente quanto dinheiro cada um deles costumava doar para a organização filantrópica United Way. Em seguida, investigou o que acontecia quando um deles era transferido para outro lugar da empresa, ou seja, era exposto a novas influências. Por incrível que pareça, ela descobriu que, quando alguém que não costumava doar passava a sentar-se perto de pessoas que doavam, cada dólar a mais doado pelo funcionário que já realizava doações resultava em um incremento de 53 centavos na doação do funcionário transferido.[11] Nossa abertura à generosidade não resulta apenas de uma decisão individual. Estamos constantemente afetando e sendo afetados pela maneira como os outros dão, perdoam e investem uns nos outros.

Até o processo de aprendizagem é influenciado pelas pessoas que nos cercam. Pesquisadores de Stanford e Vanderbilt constataram esse fato com um programa que eles conceberam e batizaram de Betty's Brain (Cérebro da Betty). Betty é uma personagem de animação on-line que os pesquisadores levaram a salas de aula do ensino médio para analisar o que acontecia quando os alunos eram instruídos a ensinar a "ela" os princípios da ciência ambiental.[12] O resultado foi que os alunos passaram muito mais tempo estudando e acabaram entendendo mais profundamente o tema. Aprendemos melhor quando ensinamos do que quando estudamos apenas para aumentar nosso conhecimento individual. O fenômeno é chamado de *efeito do pupilo*[13] e é um exemplo perfeito de como ajudar os outros a melhorar acaba elevando o potencial individual.

São essas conexões que nos permitem estender as possibilidades individuais. Uma coisa é ser inteligente a ponto de aprender uma nova língua, porém é muito mais impressionante ajudar os outros a aprender essa língua. Uma coisa é aprender habilidades de sobrevivência e resiliência, porém é muito mais impressionante poder ajudar pessoas feridas a sobreviver a uma tempestade. Uma coisa é ser motivado no trabalho, porém é muito mais impressionante motivar uma equipe a ter sucesso em um clima de incertezas. *Se nos restringirmos a tentar nos melhorar individualmente, nossas realizações serão limitadas. Está na hora de buscarmos o sucesso e a realização de um jeito completamente diferente.*

Aprendemos que, para atingir o pleno potencial, precisamos ser melhores do que os outros em uma concorrência selvagem, primeiro na escola e depois no trabalho. Mas, uma vez que entendemos que o sucesso é interconectado, de repente um caminho novo e melhor começa a surgir diante dos nossos olhos. *O Grande Potencial não implica tentar avançar mais rápido sozinho, mas trabalhar para nos tornarmos melhor juntos.*

Depenados e bicados até a morte

Na juventude, o pesquisador William Muir apostou todo o seu futuro acadêmico em um palpite sobre insetos, peixes e animais de fazenda. Desde que Darwin publicou sua famosa teoria de seleção natural, a ideia da sobrevivência do mais apto tem fundamentado tudo o que sabemos sobre biologia e genética. Muir, contudo, acreditava que, quando se trata de sucesso evolutivo, o que importa não é a seleção natural individual, mas a *seleção de grupo*. Só que, naquela época, a ciência já tinha descartado a seleção de grupo, pois considerava a ideia ridícula, e Muir recebeu o conselho de que, se quisesse avançar na academia, seria melhor seguir por outro caminho investigativo.

Pode parecer mero preciosismo, mas a distinção entre essas duas teorias tem o poder de mudar tudo o que acreditamos sobre o potencial humano. E também demonstra como a ciência pode demorar a aprender.

Decidido a abrir os olhos da comunidade científica aos méritos dessa teoria, Muir conduziu um estudo brilhante (que acabou ficando ainda mais famoso quando foi apresentado por Margaret Heffernan em uma palestra do TED Talk) que revelou uma verdade surpreendente e teve enormes implicações.[14] Imagine que você seja o dono de uma granja e queira cruzar seus galináceos com o objetivo de gerar um grupo de galinhas mais produtivas. Qual seria a melhor estratégia? Segundo as teorias prévias dos genes e da evolução, a resposta é simples: encontre as galinhas que produzem o maior número de ovos, separe-as, cruze-as com galos de alta produção para criar uma nova geração de galinhas ainda mais produtivas e repita o processo até ter uma granja com as galinhas mais produtivas do mundo. Foi o que Muir fez, por sete gerações de galinhas. Ao mesmo tempo, manteve um segundo grupo "normal", composto por galinhas de alta e baixa produtividade, e também cruzou esses animais por sete gerações. De acordo com a teoria da seleção natural, seria de esperar que, na última geração, o primeiro grupo teria produzido um grupo de galinhas hiperprodutivas. Mas não foi o que aconteceu. Na verdade, Muir foi forçado a interromper o experimento antes da hora porque, no primeiro grupo, todas as galinhas extremamente produtivas, exceto três, foram bicadas até a morte (as três galinhas sobreviventes tiveram todas as penas arrancadas).[15] As galinhas do segundo grupo, por outro lado, não só sobreviveram como conseguiram manter as penas. Na verdade, elas produziram 160% mais ovos do que as galinhas do "grupo de elite".

A aposta de Muir se pagou. "É possível desperdiçar muita energia para manter a hierarquia social", ele explicou. "Mas, se os animais conviverem bem, *essa energia é transferida à produção.*" Em outras palavras, quando os membros de um grupo (sejam eles seres humanos ou galinhas) se concentram em competir uns com os outros para chegar ao topo, eles podem acabar se depenando ou se bicando até a morte. Mas, quando trabalham para se ajudar, o grupo todo sai ganhando.

Essa conclusão tem o poder de mudar nossa visão do desempenho, tanto nas escolas como nas empresas. "Se um porco ou uma galinha subir ao topo da hierarquia pisando na cabeça dos outros, o programa de seleção pela reprodução não tem como progredir",[16] Muir escreveu. Não sei qual é a sua experiência, porém, no mundo corporativo, vi muitos porcos sapateando na cabeça dos outros e muitas galinhas bicando qualquer concorrente que tenta atingir o sucesso. E, se nada for feito a respeito, a empresa vai acabar com algumas galinhas depenadas que até podem sobreviver, mas nunca terão sucesso.

Sempre que tentamos questionar alguma crença equivocada, porém profundamente arraigada, podemos esperar algum tipo de oposição. A primeira barreira mental ao Grande Potencial fundamenta-se no ego. Em uma ocasião, conversei com um investidor da bolsa de valores que adorava pensar em termos competitivos. Em menos de um minuto depois de conhecê-lo, ele já tinha me contado que seus filhos eram bem melhores que os colegas no futebol e no lacrosse. Quando mencionei o conceito do Grande Potencial, ele me perguntou por que, afinal, eu queria "ajudar alguém a competir melhor. Não é bem melhor ser o mais inteligente ou o mais forte do grupo?".

À primeira vista, a crítica parece fazer sentido. E ouço esse argumento por toda parte. O problema é que esse ponto de vista é míope e não leva em consideração o quadro geral. Uma pessoa forte ou inteligente pode realizar muito menos sozinha do que em conexão com os colegas da equipe e trabalhando para melhorar o desempenho dos outros. Quando as pessoas ao nosso redor são criativas e inteligentes, acabamos sendo *mais* criativos ou inteligentes do que antes. Além disso, como o nosso potencial não é um recurso limitado, mas renovável, com o poder de se multiplicar quando mobilizamos o potencial das pessoas ao nosso redor, quanto mais investimos nas competências e nas habilidades dos outros, maiores serão os retornos para nossas próprias competências e habilidades. **Você *pode* ser uma estrela, só não pode ser uma estrela solitária.**

É por isso que a abordagem da sobrevivência do mais apto é equivocada e que buscar o Pequeno Potencial é uma estratégia ao mesmo tempo custosa e míope. Lembre-se do meu estudo do potencial em Harvard e do Projeto Aristóteles, do Google, que concluíram que a parte do "quem" da equação não prevê o sucesso. A pesquisa de Muir também confirma essa constatação. "Cumulativamente, esses efeitos sociais foram muito mais importantes do que os efeitos individuais",[17] explica. Para obter esses efeitos, precisamos nos focar não em "produzir" indivíduos de alto desempenho que competirão uns com os outros com unhas e dentes, mas em ajudar o grupo a melhorar coletivamente.

No trabalho, isso nunca foi mais verdadeiro do que é hoje em dia. À medida que empresas e sistemas aumentam em complexidade, as realizações individuais passam a ser muito menos distinguíveis (e, portanto, muito menos importantes) do que os resultados da equipe. Em equipes tão diversas quanto jurídicas, de programadores de *software* e de vendas, os colaboradores estão cada vez menos sendo avaliados individualmente. Assim como os líderes estão sendo cada vez menos avaliados por seu desempenho individual e mais por sua capacidade de estimular o potencial da equipe. No esporte, algumas pessoas acham que o jogador que faz mais pontos é o escolhido para jogar no melhor time ou ganha a melhor bolsa de estudos. Mas os olheiros não vão observar times perdedores. No trabalho, assim como no campo ou na quadra, **é melhor ser um bom jogador em uma equipe excelente do que um astro em uma equipe medíocre**.

E essa realidade só vai se reforçar nos próximos anos. Como pesquisadores da Universidade de Virgínia descobriram, o tempo que os funcionários passam em atividades colaborativas aumentou 50% ou mais em apenas duas décadas. E o Projeto Aristóteles do Google revelou que atualmente um funcionário passa mais de 75% de seu dia no trabalho se comunicando com os colegas.[18] Não é absurdo dizer que hoje o nosso potencial está mais inextricavelmente ligado ao potencial dos outros do que em qualquer outro momento da história.

Em um mundo marcado por rápidas mudanças, o Grande Potencial ajuda a manter a resiliência, possibilitando a rápida recuperação das adversidades. Os contratempos são inevitáveis, tanto na vida pessoal quanto na profissional. Se você tropeçar ou se cansar, pode levar um bom tempo para se levantar ou se recuperar sozinho. Mas, se o seu sucesso estiver conectado com o dos outros, você terá um sistema de apoio para ajudá-lo até conseguir recuperar suas forças. Se for uma formiga hiperprodutiva solitária e se machucar, você estará em maus lençóis. Mas, se for apenas mais uma de muitas formigas produtivas, a colônia poderá continuar a ter sucesso até você se curar. O diretor do Center for Complex Network Research, Albert-László Barabási, argumenta em seu livro *Linked: a nova ciência dos networks* que em qualquer sistema os problemas são combatidos e compensados por meio das interconexões. Quanto mais trabalhamos para fortalecer as pessoas que nos cercam, mais chances teremos de receber proteção e ajuda.

Acho importante deixar bem claro que este livro não é um argumento contra a concorrência nos negócios. **Não tenho nada contra a concorrência.** Na verdade, a concorrência, se for saudável, tem o poder de melhorar muito o nosso potencial e ser uma grande fonte de alegria e energia. Como diz o Dalai Lama, a concorrência pode ser produtiva se for "utilizada de maneira positiva. A concorrência é positiva quando nos impele a sair primeiro, nos motiva a abrir o caminho para os outros, facilitar o caminho para eles, ajudá-los ou mostrar o caminho. A concorrência é negativa quando nos leva ao desejo de derrotar os outros, derrubá-los para podermos subir". **A essência do Grande Potencial é obter uma vantagem competitiva não restringindo o sucesso dos outros, mas, pelo contrário, aumentando as chances das pessoas de atingi-lo.**

Dizem que não existe inovação sem concorrência, o que é um absurdo, considerando que a maioria das grandes inovações na ciência e na tecnologia resultou do compartilhamento de informações cruzando áreas acadêmicas, fronteiras nacionais e barreiras linguísticas. Na verdade, nenhuma grande inovação pode ocorrer isoladamente. Diversos pesquisadores me pediram para assinar acordos de confidencialidade, aterrorizados com a possibilidade de suas ideias serem divulgadas. Acho que essa abordagem mais atrapalha do que ajuda. As pessoas que engavetam suas ideias dificilmente vão muito longe. É quando compartilhamos nossas descobertas com pessoas de outros campos de conhecimento, quando nos abrimos a diferentes pontos de vista, quando pedimos a opinião de pessoas de outras áreas ou quando testamos a nossa ideia com prováveis usuários que o verdadeiro potencial começa a surgir.

Como W. Edwards Deming, um dos precursores do desenvolvimento organizacional moderno, escreveu no prefácio de uma edição de *A quinta disciplina*, um clássico de administração de Peter Senge:

> As pessoas já nascem imbuídas de motivação, amor-próprio, dignidade, curiosidade, prazer de aprender. As forças da destruição começam já na primeira infância (um troféu pela melhor fantasia de Halloween, uma medalha pelas melhores notas na escola, estrelas douradas) e nos acompanham até a faculdade. No trabalho, pessoas, equipes e departamentos são categorizados, os melhores são recompensados e os piores são negligenciados.[19]

Se continuarmos a ensinar nossos filhos (nossos futuros funcionários, líderes e inovadores) a galgar a hierarquia, restringiremos o potencial deles, das nossas empresas e da nossa economia como um todo.

O Círculo Virtuoso

No meu primeiro livro, *O jeito Harvard de ser feliz*, argumentei que, apesar de as pessoas tenderem a acreditar que a busca do sucesso leva à felicidade, pesquisas demonstraram que, na verdade, acontece o contrário. Em outras palavras, quando buscamos a felicidade, aumentamos as nossas chances de sucesso. Acabei sendo muito criticado por isso. Afinal, é tentador ver a felicidade como um "luxo", pensando: "Tudo bem, só vou terminar todo esse trabalho, só vou conseguir o cargo certo ou aquela promoção e, aí, vou poder começar a pensar nesse lance de felicidade". Só que mais de duas décadas de pesquisas comprovam que essa abordagem acaba restringindo muito tanto a nossa taxa de sucesso quanto a de felicidade.

É mais ou menos o mesmo argumento que defendo neste livro. É tentador ver o Grande Potencial como um "luxo" e pensar: "Tudo bem, depois que eu atingir o sucesso, quando eu me tornar uma estrela, aí vou poder começar a pensar em usar o que tenho para ajudar os outros". Mas pesquisas deixam claro que essa abordagem também é equivocada.

Na verdade, o Grande Potencial não é uma via de mão única. Ele atua como um círculo de *feedback* positivo no qual os sucessos no nosso ecossistema criam um efeito cascata de sucessos acumulados, ou o que eu chamo de um Círculo Virtuoso.

Todo mundo já ouviu o termo *círculo vicioso*, usado para descrever o que acontece quando os eventos negativos ocorrem sequencialmente e parecem se repetir. Um funcionário não gosta de seu emprego atual, não se envolve no trabalho, seu desempenho cai e ele gosta ainda menos do trabalho. Um excelente goleiro perde três defesas em um jogo, começa a perder a confiança, deixa-se intimidar pelo adversário, o que leva a mais defesas perdidas no jogo seguinte. E por aí vai. Mas existe uma alternativa, menos conhecida, para o padrão do círculo vicioso. **Um Círculo *Virtuoso* é uma espiral ascendente de potencial na qual, a cada sucesso, obtemos mais recursos, o que, por sua vez, nos possibilita atingir sucessos cada vez maiores.**

Assim como um círculo vicioso multiplica o negativo, um Círculo Virtuoso multiplica o positivo, facilitando cada vez mais o progresso. Por exemplo, um gerente de vendas estende os elogios que recebeu da diretoria à sua equipe, que acaba se engajando mais no trabalho, o que, por sua vez, aumenta as vendas da equipe, levando a mais elogios. Um gerente sobrecarregado demonstra que confia em seu assistente e lhe delega uma tarefa importante; o assistente se sente valorizado, o que o leva a fazer um trabalho espetacular no projeto, reforçando ainda mais a confiança do gerente. Um aluno tenta superar sua timidez e puxa conversa com um desconhecido, com quem acaba fazendo amizade, o que reforça a sua confiança em sua capacidade de superar a timidez.

Como o general Colin Powell disse: "O otimismo constante é um multiplicador de força". Um multiplicador de força é qualquer objeto ou pessoa do nosso ambiente que aumenta exponencialmente o nosso poder de atingir realizações muito maiores do que seria possível atingir sozinho. As cinco estratégias apresentadas neste livro são multiplicadores de força comprovados. Com base nas minhas pesquisas e observações trabalhando no mundo todo em organizações como a NASA, o Departamento do Tesouro dos Estados Unidos e a NFL, você aprenderá a plantar sementes no solo mais fértil que existe, ajudando a criar ambientes que gerarão os melhores resultados sobre o seu investimento nas pessoas. Não importa qual seja o seu cargo, a sua idade ou o seu título, você aprenderá técnicas eficazes para criar círculos virtuosos de potencial plantando essas SEMENTES na sua vida.

Na primeira estratégia, CERCAR-SE, *descreverei como você pode se tornar uma estrela criando um sistema estelar ao seu redor.* Quando você ajuda as pessoas a brilhar, o sistema todo se ilumina, intensificando o seu brilho individual.

Na segunda estratégia, ensinarei como EXPANDIR *o seu poder para criar mudanças positivas no seu ecossistema, ajudando as pessoas a liderar em qualquer posição.* Quanto mais você empoderar as pessoas para espalhar o poder delas, maior será o seu impacto.

Na terceira estratégia, explicarei como APRIMORAR *o potencial dos outros, gerando um retorno maior para você.* Vou ensinar como se tornar um Prisma de Elogios e falar sobre como refratar a luz dos elogios não só ilumina as pessoas como melhora a sua própria posição.

Em DEFENDER, *mostrarei como proteger o seu ecossistema contra influências negativas e aumentar a resiliência do sistema como um todo.* Ao enfrentar obstáculos, você se fortalece e consegue enfrentar desafios ainda mais difíceis.

Na última estratégia, ensinarei como SUSTENTAR *as melhorias do seu potencial criando uma energia coletiva que o ajudará a elevar cada vez mais o seu teto de potencial.* Os sucessos atingidos em isolamento são limitados, mas os interconectados se aceleram e se acumulam.

Juntas, essas SEMENTES criam um Círculo Virtuoso.

Trabalhei com incontáveis líderes corporativos, dei palestras para professores e pais em escolas que foram vítimas de tiroteios, aprendi sobre o poder da positividade com pacientes que acabaram de ser diagnosticados com esclerose múltipla e conversei com celebridades, todos estavam tentando encontrar o caminho para o Grande Potencial. Por toda parte, eu sempre ouvia as mesmas opiniões restritivas: "Não dá para mudar as pessoas", "As pessoas são apenas resultados dos genes e do ambiente", "Algumas já nascem assim". Estamos tão acostumados a ouvir essas afirmações de professores, chefes, terapeutas, pais e orientadores que as aceitamos como verdades. Mas elas não são confirmadas por evidências científicas. Na verdade, todos os estudos realizados nas últimas oito décadas, nos quais os pesquisadores introduziram variáveis na vida das pessoas para gerar resultados melhores, provam que é possível mudar os outros. Se você parar para pensar, verá que nós mudamos as pessoas *o tempo todo*.

Acho tão estranho quando as pessoas concordam veementemente com a ideia de que é impossível mudar os outros, mas cinco minutos depois se põem a discorrer sobre o efeito tóxico de indivíduos negativos em sua vida ou em seu trabalho. Se o seu dia pode ser arruinado por um e-mail furioso de um cliente, um vizinho grosseiro ou uma discussão com o seu chefe, por que as pessoas não poderiam causar o efeito oposto? O que impede as interações com as pessoas positivas da sua vida de melhorar o seu dia e facilitar o seu progresso?

Todos nós temos o poder de melhorar os outros. E, quando nos comprometemos a usar esse poder, não há limites para o que podemos realizar. Digo isso com base não só em décadas de pesquisas como também baseado em minha própria experiência observando meu pai.

Propósito elevado

No início deste ano, depois de 38 anos como professor de neurociência, meu pai se aposentou. Ele chegou a ser responsável por pesquisas que ajudaram a impulsionar o campo da neurociência, mas não dedicou todo o seu tempo à publicação de artigos em periódicos acadêmicos para o próprio desenvolvimento. Pelo contrário, ele aceitava cinco vezes mais orientandos que os demais professores. E foi um pai muito presente para mim e minha irmã.

Mesmo assim, durante grande parte de sua carreira, ele se considerou um fracassado. Ele não publicava tanto quanto seus colegas que tinham abandonado seus alunos em troca de mais honrarias. Sua maior ambição na vida era seguir os passos de seu pai, um cirurgião e herói de guerra que foi agraciado com uma medalha de honra Cruz da Marinha por realizar uma traqueostomia sob fogo cruzado depois de ter sido baleado três vezes. Ser um herói de guerra não é para qualquer um, e, após um primeiro ano tumultuado na Universidade da Califórnia, em Los Angeles, meu pai não conseguiu tirar as notas necessárias para entrar na faculdade de medicina, apesar de ter passado os três anos seguintes tirando só as notas mais altas. No entanto, vendo meu pai ajudar centenas de alunos a entrar na faculdade de medicina e consolar estudantes pesarosos que não conseguiram, ajudando-os a ver um caminho diferente e talvez melhor, sei que ele *encontrou seu Grande Potencial* auxiliando aqueles jovens a elevar o potencial deles.

Se você conviveu de perto com alguém que acredita não ter atingido seu pleno potencial, deve ter sentido a impotência e a aflição de querer ajudar a pessoa a enxergar a vida com mais clareza. É muito fácil passar os olhos por dados, uma única nota ou número e deixar de ver a verdadeira contribuição da pessoa no mundo.

Na festa de aposentadoria do meu pai, fui convidado para fazer um discurso em um salão repleto de pessoas cuja vida ele tinha transformado. Um minuto depois que comecei a falar, meu filho, Leo, subiu correndo ao palco, levantou os braços na minha direção e suplicou: "Papai, colo. Colo, papai!". E lá estava eu, um filho orgulhoso fazendo um discurso em homenagem a seu pai, e, ao mesmo tempo, um pai orgulhoso consolando o próprio filho... e, de repente, o conceito do Grande Potencial ganhou um sentido completamente novo.

Eu achava que já queria tudo para o Leo. Eu queria que ele fosse feliz. Queria que ele fosse inteligente. Mais do que inteligente, eu queria que o primeiro livro que ele lesse fosse *Guerra e paz*, em russo, lido em voz alta com sotaque britânico, ainda por cima (para ele parecer ainda mais inteligente). Eu queria que ele brilhasse a ponto de as pessoas terem de usar óculos de sol para falar com ele.

Mas naquele dia, homenageando meu pai com meu filho no colo, percebi que, na verdade, eu estava querendo *muito pouco* para o Leo.

Agora eu quero que o Leo seja como o meu pai. Não só quero que ele seja feliz, quero que ajude as pessoas a serem mais felizes também. Eu não só quero que ele seja criativo, mas também que ajude as pessoas a serem mais criativas. Não só quero que ele tenha mais sucesso, mas também que ajude todo mundo ao seu redor a ter mais sucesso. Não só quero que ele seja brilhante, mas também que ajude os outros a brilhar mais.

No centro das minhas pesquisas está a crença de que a vida não faz sentido sem as outras pessoas. Pense a respeito: o segredo da verdadeira liderança é a capacidade de inspirar os outros a serem líderes. O segredo para criar bem os filhos e formar sólidos relacionamentos está em ajudar a trazer à tona o melhor das pessoas que amamos. O segredo para a verdadeira felicidade é encontrar a alegria em ajudar os outros a serem mais felizes. E o segredo para atingir o nosso pleno potencial começa ajudando as pessoas a atingirem o pleno potencial delas. É isso que eu quero para o meu filho. E quero isso também para você.

Tudo começa tentando responder a perguntas mais profundas: como posso estender a minha influência em um mundo interconectado? Como estou afetando as pessoas com a minha vida e a minha energia? Como faço para elevar o meu potencial ajudando as pessoas a melhorar? Se você não tentar responder a essas perguntas, o seu potencial acabará limitado e o seu sucesso será efêmero. Este livro é uma exploração da nova ciência voltada a mostrar como *você* pode elevar o teto do seu potencial, do seu bem-estar e da sua felicidade ajudando as pessoas a fazerem o mesmo e fazendo deste mundo um lugar melhor, mais feliz e mais próspero para todos.

Neste tempo, por vezes sombrio e complicado, não precisamos de uma luz solitária piscando na escuridão da noite; *precisamos brilhar mais juntos.*

PARTE II
AS SEMENTES DO GRANDE POTENCIAL

PART II
AS SEMENTES DO GRANDE POTENCIAL

3

Cerque-se de influências positivas
Crie sistemas estelares

Em fevereiro de 2014, minha esposa, Michelle, grávida de oito meses, me disse que eu estava viajando demais e "sugeriu" que só aceitasse outros trabalhos depois do nascimento de Leo. Após pensar um pouco, ela acrescentou: "A não ser, é claro, que seja a Oprah". Três dias depois, recebi uma ligação da equipe da Oprah. Um mês mais tarde, me vi nervoso esperando no jardim da casa da Oprah em Montecito, Califórnia.

Eu tinha sido convidado para uma entrevista de uma hora no programa *SuperSoul Sunday*, que acredito ser o melhor programa da TV – uma hora de entrevista profunda com pensadores incríveis, como Brené Brown e Rob Bell. Quando cheguei, vi uma equipe de filmagem montando os equipamentos no fim de uma trilha sinuosa que descia por uma floresta de sequoias. (É isso mesmo, Oprah tem uma floresta de sequoias no quintal.) As câmeras estavam lá para registrar o belo e natural momento no qual o convidado (no caso, eu) encontraria Oprah pela primeira vez. Sinto dizer que meu momento ficou bem longe de ser belo e natural. Assim que a vi, meu cérebro desligou. Tenho tentado em vão reprimir a memória do que aconteceu depois.

Com sua voz cantada característica, Oprah bradou em uma saudação: "Shawn, Shawn, Shawn!". Foi quando percebi que eu era completamente ignorante das regras de etiqueta para aquele tipo de situação. O que deveria responder? "Oprah, Oprah, Oprah"? E eu brilhantemente disse... absolutamente nada. Ela levantou as mãos e eu instintivamente as agarrei, e foi quando me dei conta de que eu não fazia ideia se aquilo era um cumprimento, um abraço ou uma dança. O resultado foi uma mistura esquisitíssima dos três. De braços levantados e mãos dadas, começamos a girar meio sem jeito enquanto meus olhos em pânico encontraram os olhos confusos dela. Passados alguns segundos e depois de girar quase 360 graus, a equipe de gravação ficou com pena de nós e as câmeras foram desligadas.

Um dos talentos da Oprah é deixar os convidados tão à vontade a ponto de eles desejarem revelar até os seus segredos mais bem guardados. E eu não fui uma exceção, mesmo depois do fiasco daquele primeiro encontro. Isso explica os acontecimentos seguintes. Depois de gravar a entrevista de uma hora, enquanto a equipe desmontava o cenário, decidi dizer à Oprah o que eu estava sentindo. Disse que tinha ficado um pouco decepcionado. Eu tinha adorado a conversa, mas queria muito ter tido a chance de falar sobre a minha experiência com a depressão. É fácil pensar: "É claro que ele é feliz. Afinal, ele trabalha pesquisando a felicidade. Ele é casado com uma pesquisadora da felicidade. A irmã dele é um unicórnio...". E também é fácil dizer: "E é claro que a Oprah é feliz. Ela está nadando em oportunidades, recursos, dinheiro e amigos. Se eu fosse a Oprah, eu também seria feliz".

E o que aconteceu em seguida me deixou boquiaberto. Oprah virou-se para mim e disse: "Shawn, eu passei por dois anos de depressão, no auge da minha carreira. Eu nunca tinha ganhado tanto dinheiro, mas meu filme *Bem-amada* não foi tão bem quanto eu gostaria e eu desabei". Eu respondi: "Passei por dois anos de depressão enquanto ensinava alunos da Harvard a não se deprimir". Ela fez um sinal para a equipe ligar as câmeras e acabamos conversando por mais uma hora sobre o que fazer se você perder a felicidade em algum ponto do caminho na busca de atingir seu potencial.

Estou contando essa história porque o que aprendi com a minha luta contra a depressão ocupa o centro da nossa primeira estratégia, a primeira SEMENTE do Grande Potencial. Quando estava em Harvard, eu achava que a minha estratégia estava dando certo. Tinha conseguido entrar numa universidade de elite depois de concluir o ensino médio em uma escola pública na cidadezinha texana de Waco. Ainda por cima, havia ganhado uma bolsa de estudos militar integral. E me formei com honras. Eu era tão bom em atingir as métricas de sucesso individual que nunca percebi que estava sozinho e solitário. Eu achava que conseguiria fazer tudo sem a ajuda de ninguém. E, por um tempo, achei que eu *devia* fazer tudo sozinho. Até me dar conta de que esse jeito de pensar não só era a raiz da minha depressão como, na verdade, estava impondo um teto invisível sobre mim, restringindo o meu sucesso no futuro.

O momento decisivo para mim foi quando modifiquei a minha mentalidade de "Posso fazer tudo sozinho" para "Preciso das pessoas". A depressão me ensinou que, para realmente atingir o meu Grande Potencial, eu precisaria de um sistema de apoio mais robusto. E que, para fazer amizades, eu precisaria *ser* um amigo primeiro. Então, peguei o telefone, retomei o contato com pessoas de quem gosto e fiz de tudo para ouvir seus problemas, mesmo achando que eu é que estava cheio de questões para resolver.

No entanto, eu não podia mais tentar esconder os meus desafios. Eu tinha passado esse tempo todo tentando projetar uma imagem de sucesso, com medo e vergonha de admitir que precisava de ajuda. Mas logo percebi que as melhores conexões sociais são uma via de mão dupla e que as "amizades de mão única" acabam enfraquecendo e reduzindo a resiliência do sistema. Então deixei a máscara cair, parei de fingir que tudo estava perfeito na minha vida e me abri para meus doze amigos e parentes mais próximos. Contei que estava deprimido e que precisava da ajuda deles. Parei de tentar ser perfeito e fazer tudo "sozinho".

Os efeitos foram incríveis. Eles não só se mobilizaram para me ajudar como também revelaram partes de sua vida (como problemas que vinham enfrentando, desde a solidão até o vício) que haviam ocultado de mim porque a minha busca pela perfeição os impedia de se mostrarem imperfeitos para mim. Essa mudança de atitude me deu a chance de conhecer as pessoas com muito mais profundidade. O resultado foi o melhor sistema social de apoio que tive nos meus, então, 24 anos. Consegui vencer a depressão, e meu sucesso e o senso de propósito que tenho atualmente jamais teriam sido possíveis sem esse sistema.

Às vezes, talvez quando estamos perto de crianças brigando, pessoas que não param de tossir no avião ou um chefe negativo e de mau humor, podemos querer fugir para uma praia isolada, sem vivalma por perto. É verdade que todo mundo precisa passar um tempo sozinho de vez em quando para refletir sobre a vida e recarregar as baterias, mas o isolamento nunca é a solução para os problemas. Todos nós fomos programados para sermos criaturas tribais, e não lobos solitários. Desde a época em que éramos caçadores-coletores, sempre precisamos desesperadamente uns dos outros para sobreviver. De fato, verá que as principais tradições religiosas, como o islamismo, o cristianismo e o judaísmo, começaram no mesmo lugar: "Não é bom que o homem esteja só".* Até na prisão – um dos piores lugares do mundo –, a maior punição é a solitária, na qual o detento fica no mais completo isolamento.

Mesmo assim, ironicamente, em uma época na qual a tecnologia e a internet facilitam a conexão – época na qual as redes sociais permitem nos comunicarmos instantaneamente com qualquer pessoa do planeta, inclusive desconhecidos –, eu diria que nunca na história da humanidade fomos tão pobres em conexões autênticas quanto somos

---

* Acho fascinante que essa passagem seja tão importante que foi incluída já no segundo capítulo do primeiro livro da Bíblia. Deus diz isso em referência ao fato de Adão precisar de uma pessoa em sua vida, não necessariamente alguém do sexo oposto. Todas as escrituras e tradições do judaísmo, do cristianismo e do islamismo afirmam que precisamos de uma comunidade e que o centro da religião deve ser o amor ao próximo.

hoje em dia. E apenas agora estamos começando a ver como as redes de pessoas afetam o nosso desempenho, bem-estar, felicidade e sucesso.

Se você já passou pelo menos cinco minutos brincando numa cama elástica (ou vendo alguém brincar), deve ter ouvido falar de salto duplo. Não é possível pular muito alto na cama elástica se você estiver sozinho. Mas, se convencer alguém a pular junto e vocês sincronizarem os saltos, o peso extra da pessoa aumenta a energia potencial e *os dois* conseguem pular muito mais alto. O Grande Potencial é como o salto duplo; só é possível acompanhado.

A altura do seu potencial depende das pessoas ao seu redor. O segredo para criar um salto duplo é CERCAR-SE de pessoas que o elevem em vez de puxá-lo para baixo. Como veremos neste capítulo, rodear-se de pessoas positivas lhe dará a energia necessária para alcançar novas alturas.

Desde a entrevista com Oprah, tive a chance de trabalhar com várias celebridades de Hollywood, atletas famosos e executivos de empresas importantes que também sofrem com a solidão e o vazio da vida, apesar de toda a fama, sucesso e dinheiro que conquistaram. Concluí que tentar sozinho ser a estrela mais brilhante do céu implica três custos ocultos: solidão, perda de sentido da vida e sofrer *burnout*. Ninguém consegue brilhar por muito tempo buscando atingir seu potencial sozinho. Assim como as estrelas entram em colapso gravitacional quando não têm um sistema ao seu redor, as pessoas que tentam brilhar sozinhas não demoram a se exaurir e desaparecer.

Seja uma estrela em uma constelação

Sei que você quer ser uma estrela. Se tem filhos, quer que eles sejam estrelas. Vi muitos pais mandarem seus filhos para escolas particulares caríssimas na esperança de que o ambiente competitivo os transformasse em estudantes brilhantes que nenhuma faculdade recusaria. Esses ambientes hipercompetitivos ainda se baseiam na noção equivocada de que, para você ganhar, alguém precisa perder. Mas não é assim que o mundo funciona, e essa mentalidade desconsidera completamente o conceito do Grande Potencial. Como o famoso treinador de basquete John Wooden escreveu: "O principal ingrediente do estrelato são os outros integrantes do time".

Vamos pensar sobre o verdadeiro sentido de vencer. Geno Auriemma, um dos melhores técnicos de basquete (e talvez de todos os esportes), é treinador do time feminino da Universidade de Connecticut. Até o momento em que eu escrevia estas linhas, o time de Geno não tinha perdido um jogo sequer em dois anos e havia vencido o campeonato nacional em quatro dos últimos cinco anos. Como ele consegue? Ele promove uma cultura na qual as jogadoras são julgadas por suas contribuições para o time, e não pelos sucessos individuais. As jogadoras que se tornam estrelas ajudando o time a jogar melhor são chamadas para entrar em quadra, as que tentam ser estrelas e brilhar mais que as colegas são deixadas no banco de reserva. Como Geno explica: "Prefiro perder o jogo a ver as garotas jogando como alguns jovens se acostumaram a jogar... Eles só pensam em si mesmos. É tudo eu, eu, eu, eu. Se eu não marquei nenhum ponto, por que deveria ser feliz? Se não passo tempo suficiente na quadra, por que deveria ser feliz?... Ao assistir à gravação de um jogo, sempre observo o que está acontecendo no banco de reserva. Se alguém cai no sono, não está dando a mínima para o jogo ou não está acompanhando o que acontece na quadra, essa pessoa nunca vai entrar em campo. Nunca".

Você poderia colocar Geno para liderar qualquer equipe em qualquer empresa e ele continuaria vencendo, porque sua atitude se baseia em criar um time de estrelas, e não em mimar um astro. Nick Saban, o respeitado técnico do time de futebol americano da Universidade do Alabama, famoso por vencer diversos campeonatos, rejeita a tradição de dar as bolas do jogo aos principais astros do time por acreditar que recompensar os jogadores pelas conquistas individuais não leva a mais vitórias. Para ele, o sucesso resulta de uma vitória do time, não de vitórias individuais. Ao contrário de tantos técnicos, gestores e educadores, Geno e Nick sabem que uma atitude individualista é tóxica para a equipe e para todos os seus integrantes.

No basquete, por exemplo, seria natural achar que a porcentagem de arremessos seria o melhor fator preditivo do resultado de um jogo, não é mesmo? Mas um estudo da Universidade Brigham Young descobriu que a razão de assistências em relação a posses de bola perdidas é um fator preditivo de sucesso muito melhor.[1] Isso acontece porque um grande número de posses perdidas significa que os jogadores estão segurando a bola para poder fazer cestas, enquanto um grande número de assistências significa que os jogadores não estão tentando lances individuais, mas estão focados em conquistar a vitória para o time.

No trabalho, as pessoas que só se importam com seu sucesso individual não irão muito longe. Pense no empresário hipercompetitivo que pisou na cabeça de todos os cofundadores, explorou os funcionários, enganou os investidores e acabou destruindo a empresa. Ou pense no ator mirim que ganhou o primeiro milhão de dólares aos 14 anos mas acabou numa clínica de reabilitação aos 16 e nunca conseguiu recuperar o estrelato. Ou no atleta arrogante que ajudou o time a vencer o campeonato mas passa o ano seguinte no banco de reserva por ser incapaz de jogar em equipe. Acontece muito de ficarmos tão obcecados em exibir nossos talentos individuais que subestimamos a força proveniente das pessoas ao nosso redor.

Em um estudo fascinante, pesquisadores de Harvard analisaram uma amostra de 1.052 analistas de investimento que competiam para ser o melhor analista. Todos estavam no auge da carreira. Tinham encontrado um jeito de ter sucesso em uma área difícil e competitiva e se sentiam como grandes astros. Os pesquisadores analisaram o que aconteceu quando esses analistas foram transferidos para uma nova equipe em outra empresa ou deixaram a companhia por um salário melhor em outro lugar. Se o sucesso dependesse exclusivamente dos talentos individuais (determinação, empenho, inteligência e assim por diante), esses brilhantes analistas teriam apresentado um desempenho igualmente bom na nova equipe e continuariam tendo sucesso. Mas não foi o que aconteceu. Uma proporção colossal de 46% dessas estrelas despencou. Quase metade dos participantes simplesmente foi incapaz de replicar seu sucesso no novo emprego. E o resultado não foi visto apenas em curto prazo. Os pesquisadores descobriram que nada menos que *cinco* anos depois, os analistas ainda não tinham conseguido atingir o nível de desempenho de antes. Eles se transformaram em estrelas cadentes assim que deixaram para trás a constelação de pessoas que lhes possibilitaram brilhar.

Mesmo se você levar muitas estrelas consigo, não terá necessariamente uma equipe vencedora. Um dos melhores exemplos foi apresentado por Mark de Rond em um artigo para a *Forbes*,[2] no qual descreve como o time de futebol Real Madrid gastou a fortuna de 400 milhões de euros por um time estelar: Ronaldo, Beckham, Zidane e outros grandes craques do mundo. De 2004 a 2006, um dos times mais caros da história do futebol jogou as piores temporadas da história do Real Madrid. Enquanto isso, entre 2000 e 2006, o time Oakland Athletics foi a equipe da liga de beisebol dos Estados Unidos e do Canadá que menos investiu em jogadores, evitando pagar fortunas pelos atletas mais cobiçados, e mesmo assim venceu mais jogos do que qualquer outro time nesse período. Eles podiam não ter os maiores astros do esporte, mas tinham o melhor sistema estelar.

Empresas (e escolas) que recompensam sistematicamente as realizações individuais na verdade estão restringindo as chances de sucesso das pessoas, de acordo com Peter Kuhn, professor de economia da Universidade da Califórnia em Santa Barbara. Ele e sua equipe descobriram que os programas de remuneração baseados no desempenho individual criavam uma "cultura de punhaladas pelas costas, puxadas de tapete e informações engavetadas".[3] Constataram que os homens eram mais propensos a trabalhar individualmente para atingir seus objetivos presumindo ser melhores que os colegas. Em outro estudo, para o qual Kuhn se aliou a Marie Claire Villeval, professora de economia do National Center for Scientific Research, foi descoberto que, se a empresa oferecesse aos funcionários um aumento salarial de 10% para que trabalhassem em equipe e não individualmente, um número maior de homens aceitava a proposta.[4] Diante de um incentivo para colaborar, os homens passaram a compartilhar mais informações e a se dar ao trabalho de treinar os colegas, o que ajudou a equipe a ter mais sucesso. Precisamos parar de recompensar apenas o trabalho individual e incentivar as pessoas a se ajudar.

Para isso, precisamos romper o círculo vicioso da mentalidade individualista que está contagiando a sociedade. Precisamos trocar a pergunta "Quantos pontos você marcou?" por **"Como você ajudou o seu time a vencer?"**. Precisamos transformar as nossas estruturas de remuneração no trabalho, em casa e na escola. Como Steve Kerr, ex-diretor de aprendizagem da Goldman Sachs, escreveu: "Os líderes esperam um resultado A (colaboração), mas recompensam o comportamento B (individualismo). Eles precisam aprender a identificar e recompensar quem faz as duas coisas".[5]

Buscar a vitória coletiva não só nos ajuda a melhorar o nosso desempenho imediato como possibilita manter a resiliência com o tempo. Quanto mais interconectados formos, mais os outros poderão nos ajudar, amenizando um contratempo ou um evento negativo. Quanto mais pessoas tivermos no nosso ecossistema para dividir o estresse, as dificuldades ou os fardos, mais fácil será para cada indivíduo enfrentar os obstáculos. Os jogadores mais brilhantes até conseguem levar o time nas costas nos últimos dois minutos de jogo de vez em quando, mas eles só terão forças para fazer isso se todos os colegas jogarem em equipe. No trabalho, na vida, nos esportes ou em qualquer outro contexto, a melhor maneira de vencer é criar um sistema no qual os integrantes possam se ajudar, levar uns aos outros nos ombros e melhorar entre si.

Minha conclusão de uma década de pesquisas é clara: **você pode ser uma estrela, só não tem como ser uma estrela sozinho**. O que você precisa é de um sistema estelar, **uma constelação de**

influências autênticas e positivas que se ajudam, se fortalecem e se melhoram.

As pessoas ao nosso redor fazem uma enorme diferença. E, embora não possamos escolher a nossa família nem tenhamos a chance de escolher todos com quem trabalhamos, *podemos* optar estrategicamente por NOS CERCAR de pessoas que nos ajudarão a dar um salto duplo em vez de nos puxar para baixo. Neste capítulo, você aprenderá a *criar sistematicamente suas conexões sociais* para formar uma constelação na qual poderá brilhar ao máximo. Basta seguir as três estratégias abaixo:

ESTRATÉGIA 1: Ative o poder da pressão social positiva
ESTRATÉGIA 2: Crie equilíbrio por meio da variedade
ESTRATÉGIA 3: Crie vínculos recíprocos

Em seu genial livro *Breve história de quase tudo*, Bill Bryson brinca dizendo que o leitor só está lendo o livro porque todos os antepassados tiveram sucesso na procriação. A rigor, pode até ser verdade, mas eu incluiria outro requisito: você só está lendo este livro porque alguém o ajudou a aprender a ler.

Além disso, você só está lendo este livro porque alguém o inspirou a continuar aprendendo. Porque alguém foi um exemplo de sucesso e você se motivou a imitar essa pessoa. Porque alguém lhe disse que você pode atingir o seu pleno potencial e o ajudou a conseguir as ferramentas necessárias para chegar lá.

No mundo hiperconectado de hoje, precisamos mais do que nunca de pessoas como essas. É por isso que o primeiro passo para criar um sistema estelar é procurar pessoas positivas que nos inspiram e nos ensinam a melhorar.

Estratégia 1: ative o poder da pressão social positiva

Atualmente, sabemos que os nossos atributos individuais são afetados pelas pessoas que NOS CERCAM. Isso é aplicado especialmente no trabalho, que vem incorporando cada vez mais colaboração e um número cada vez maior de empresas passa de escritórios com salas fechadas a espaços abertos sem divisórias, de telefonemas a videoconferências, de e-mails a aplicativos de mensagens. Hoje em dia temos acesso 24 horas por dia e sete dias por semana a redes sociais e *feeds* de notícias atualizados a cada segundo e nunca fomos tão expostos à energia – positiva ou negativa – dos outros. Quanto mais absorvemos, mais essa energia afeta a nossa motivação, o nosso engajamento, o nosso desempenho e o nosso Grande Potencial.

Costumamos nos preocupar tanto com a pressão social negativa, seja ela vinda de colegas de trabalho tóxicos que nos contagiam com seu pessimismo, colegas da escola tentando levar nossos filhos para o mau caminho ou amigos ricos nos pressionando a tirar férias que não temos condições de pagar, que não raro esquecemos da **pressão social positiva**.

Assim como nos rodear de pessoas negativas e desmotivadas drena a nossa energia e o nosso potencial, conviver com pessoas positivas, comprometidas, motivadas e criativas multiplica nosso otimismo, nosso engajamento, nossa motivação e nossa criatividade. No meu trabalho com empresas, criei uma fórmula para mostrar o princípio básico que fundamenta essa estratégia:

$$\text{Grande Potencial} = \text{atributos individuais} \times (\text{influências positivas} - \text{influências negativas})$$

Não estou falando de fazer o *networking* com pessoas de sucesso para subir na vida. Nem estou sugerindo cercar-se de gente que parece estar sempre alegre e feliz. Não é isso que quero dizer com pessoas positivas. A ideia é cercar-se de pessoas que tenham atributos positivos capazes de ajudar o seu potencial a dar um salto duplo e que você pode ajudar a fazer o mesmo. Enquanto as influências negativas drenam a sua energia, as positivas o energizam quando você está desanimado, ajudando-o a resolver os problemas, enfrentar as dificuldades e atingir seus objetivos. Por exemplo, contratei o neurocientista Brent Furl, da Universidade Texas A&M, para trabalhar na nossa equipe, não só por ele ser um pesquisador brilhante, mas porque poderíamos nos encontrar para jogar tênis e conversar sobre espiritualidade. Conviver com uma pessoa que passa duas horas por dia meditando e que é um grande atleta me faz querer meditar e me exercitar mais (uma pressão social positiva que os pesquisadores só estão começando a entender agora).

Pesquisadores da Universidade da Pensilvânia demonstraram como a influência dos colegas pode ter efeito positivo com a criação de programas de *mentoring em cascata*, nos quais estudantes universitários ensinam informática a alunos do ensino médio, que, por sua vez, ensinam a estudantes do ensino fundamental. Ao analisar o programa, os pesquisadores descobriram que o simples fato de ver como os admirados estudantes universitários dominavam a matéria fez com que os alunos do ensino médio desejassem fazer o mesmo; e, por sua vez, o entusiasmo dos idolatrados alunos do ensino médio motivou os alunos do ensino fundamental a estudar e aprender mais. Em resumo, as mesmas influências sociais que podem levar um adolescente a sair por aí dirigindo feito louco, matar aulas ou se envolver em várias situações de risco podem ser mobilizadas para "pressioná-lo" a querer aprender.

No trabalho, a pressão social positiva tem sido tão benéfica para os resultados financeiros que algumas empresas estão revertendo ou abrandando as políticas de trabalho a distância que ganharam tanta popularidade alguns anos atrás. Suspeito que muitos leitores deste livro não trabalham fisicamente na empresa. Posso dizer que estou no mesmo barco, já que viajo pelo mundo para dar umas 100 palestras por ano e faço pesquisas nas instalações dos clientes; então, meu escritório é um assento no avião. Mas, à luz do que sabemos atualmente sobre o Grande Potencial, estou evitando trabalhar a distância (eu e muitas empresas gigantescas, como a IBM, o Yahoo, a Aetna e o Bank of America).

Vejamos, por exemplo, a IBM, que em 2017 parou de dar aos funcionários a opção de trabalhar a distância. Eu acho fascinante que a mesma empresa que não só liderou a tendência do trabalho remoto como desenvolveu parte da tecnologia para possibilitar isso tenha decidido inverter o curso. A IBM promoveu a ideia do trabalho a distância quando percebeu que esse novo modelo possibilitaria reduzir seus escritórios em mais de 7 milhões de metros quadrados e vender esse espaço para obter um lucro de US$ 1,9 bilhão.[6] Em determinado ponto, 40% dos funcionários da IBM tinham a opção de trabalhar remotamente. A empresa chegou a divulgar pesquisas que defendiam esse modelo, mas agora chegou à conclusão de que as pessoas trabalham mais rápido, são mais criativas e mais colaborativas quando convivem com outras.[7] Não deve ter sido uma decisão fácil. Para começar, o espaço de um escritório não é barato. Em segundo lugar, as pessoas gostam de trabalhar em casa, o que significa que a empresa provavelmente perderá talentos, que são caros de serem substituídos.

Costumamos acreditar que, se trabalharmos em casa, vamos acabar trabalhando mais (porque o fim do expediente não é claro), no entanto, novas pesquisas constataram que o aumento marginal da produtividade não se compara à inovação, à criatividade, à conexão social, ao engajamento e à lealdade à empresa que assimilamos dos colegas pelo simples fato de estar no mesmo espaço físico. Quando lhe perguntaram quantas pessoas trabalham a distância no Google, o diretor financeiro respondeu: "O menor número possível".[8] No mundo moderno, não somos limitados pelo que conseguimos realizar, mas pela profundidade de nossas conexões.

Conviver com um grupo positivo de colegas no trabalho pode nos tornar pessoas mais positivas. A consultoria Gallup constatou que trabalhadores positivos e engajados cometem 60% menos erros, têm 49% menos acidentes e têm uma taxa de falta muito mais baixa (67% menor). Além disso, é muito mais prazeroso estar ao lado de pessoas positivas e todo mundo (desde colegas até clientes e conexões sociais menos próximas, mas não menos importantes) quer trabalhar nesse clima.

Se a positividade e o otimismo são "contagiantes", são diversos os benefícios de nos cercarmos de influências positivas na nossa vida pessoal. Pesquisas voltadas a investigar homens otimistas não só descobriram que estes desfrutavam mais de seus relacionamentos, como suas esposas relataram ser mais felizes.[9] Pais otimistas tendem a criar filhos otimistas, que, por sua vez, serão influências positivas fantásticas para os colegas (afinal, os efeitos da influência social começam já aos 3 anos de idade). Os otimistas lidam melhor com crises nos relacionamentos, são pais mais engajados e cuidadosos,[10] além de serem mais resilientes. Estudos sobre mães mexicanas descobriram que o otimismo era um fator preditivo da capacidade de lidar com o estresse econômico ao chegar aos Estados Unidos.[11] Diante de adversidades, como longo período de desemprego, os positivos conseguem manter uma maior satisfação com a vida.[12]

Considerando que a negatividade pode ser extremamente contagiante, cercar-se de otimistas seria como uma vacina para combater o estresse e a apatia. Pensando assim, nossa primeira tarefa é procurar pessoas positivas que nos ajudem a melhorar e a reforçar nossos pontos fortes, tanto na vida profissional quanto na pessoal. Jim Rohn, um autor motivacional de enorme sucesso, fundamentou seu negócio na ideia de que "você é a média das cinco pessoas com as quais passa mais tempo". Quem são as cinco pessoas com quem você convive mais? Agora trace rapidamente um diagrama de Venn contendo três círculos: com quem eu me sinto bem? Quem me fortalece? Quem me deixa com um "gostinho de quero mais"? Qual(is) das suas cinco pessoas se encaixa(m) nessas três categorias? Essas são as suas influências positivas. Essas pessoas provavelmente são sensíveis, abertas, compassivas, presentes, resilientes e otimistas.

Há um ditado que diz: "Esposa feliz, vida feliz". E o mesmo pode ser dito de um filho feliz, um melhor amigo feliz, um colega de trabalho feliz e um chefe feliz. A ideia é **buscar pessoas que trazem à tona o que você tem de melhor, e não o que mais o estressa**.

É possível se beneficiar da estratégia de cercar-se de pessoas positivas mesmo sem conhecê-las pessoalmente. Fui um cara introvertido em alguns períodos da minha vida e quando me mudei para a cidade grande, onde ainda não tinha muitos amigos, levei minhas influências positivas comigo: autores como C. S. Lewis, Hermann Hesse, Brandon Sanderson e Patrick Rothfuss. **Você é o que você lê.** E a ciência confirma isso. Pesquisadores da Faculdade de Dartmouth e da Universidade Estadual de Ohio descobriram que, quando nos envolvemos em um livro, podemos não apenas nos identificar com o personagem principal como também efetivamente incorporar alguns de seus atributos e características.[13] Por exemplo, se você ler um livro sobre um ativista social, terá mais chances de se engajar em algum tipo de ação social. Como você pode imaginar, o fenômeno tem uma desvantagem. Eu costumava adorar séries como *Breaking Bad*, mas, pensando melhor, eu nunca ficava me sentindo uma pessoa muito boa depois. Hoje em dia, prefiro não entrar em mundos fictícios que enalteçam o negativo, por perceber que eles afetam o meu estado de espírito e a minha autoimagem. Prefiro coisas que me fazem sentir mais forte, mais inteligente e melhor a outras que me deixam com raiva, desiludido e reativo.

Sempre que possível, procure cercar-se de livros, revistas e outras modalidades de texto que te elevem e inspirem, em vez de abrir as portas da sua vida à negatividade. O mesmo vale para as músicas e os *podcasts* que ouve: as pessoas que vivem falando com você através dos seus fones de ouvido são positivas, otimistas e gentis? Quanto mais se cercar de vozes otimistas, mais facilidade terá de sustentar a mudança positiva e até aprofundá-la.

Estratégia 2: crie equilíbrio por meio da variedade

Quando Michelle e eu nos casamos, comprei a aliança na Amazon por US$ 15. Depois comprei minha aliança reserva (o anel que eu uso no dia a dia para não correr o risco de perder o original), também por US$ 15 na Amazon. Estou contando isso para dar uma ideia do contraste com o anel que eu uso na outra mão, uma joia personalizada de US$ 150 que mandei fazer com o dinheiro que ganhei jogando com a minha liga de futebol virtual. Cravejado de "diamantes", sem dúvida alguma "autênticos", e com as palavras "Shawn" de um lado e "Gênio" do outro gravadas em letras floreadas, o anel é um exemplo impressionante de mau gosto, especialmente considerando que custou dez vezes mais que a minha aliança de casamento.

Para os leitores que nunca jogaram futebol virtual, seguem alguns fundamentos. O melhor time é composto de jogadores e posições variadas: um goleiro, pelo menos um atacante, zagueiros, laterais e meio--campistas. Essa configuração variada reflete a realidade nos esportes. Afinal, um time composto só de atacantes não conseguiria concluir nenhum lance, muito menos vencer um jogo. Já vimos que no esporte, assim como na vida, ninguém consegue ser um astro sozinho. Essa constatação nos leva a um princípio simples, porém em geral ignorado, que se aplica tanto aos esportes virtuais quanto à nossa rede de influências positivas: quanto mais variada for a sua equipe, melhor.

Com base na teoria da evolução, sabemos que a biodiversidade é fundamental para a sobrevivência. Quanto mais diversificada for a composição genética de uma espécie, mais seus integrantes serão resilientes a doenças e a outras forças da natureza. Seguindo essa lógica, quanto mais diversificada for a nossa rede de apoio social, mais resilientes seremos diante das adversidades da vida. Por isso é importante fazer uma pausa para analisar a "composição genética" dos nossos relacionamentos. Você tende a cercar-se apenas de pessoas parecidas com você (pessoas da mesma raça, sexo, tendências políticas, interesses e ambições)? Se faz isso, está restringindo o seu potencial e o seu crescimento.

Mas a diversidade vai muito além de fatores como idade, sexo ou profissão. Em um estudo fascinante publicado na *Harvard Business Review*, Alison Reynolds e David Lewis testaram seis equipes usando um modelo matemático para mensurar sua "diversidade cognitiva" (basicamente, até que ponto eles tinham uma mentalidade igual ou diferente). Duas pessoas podem ter sido criadas em duas culturas completamente diferentes ou trabalhar em duas áreas totalmente distintas mas ter uma mentalidade similar; e duas pessoas podem ter crescido na mesma cidade e trabalhar na mesma área e ter uma mentalidade totalmente diferente. Os pesquisadores constataram que, quanto mais diversidade cognitiva, melhor. As equipes com a maior diversidade cognitiva tiveram melhor desempenho; os dois grupos com a menor diversidade não conseguiram passar nos testes.[14]

Muitas equipes e empresas relutam em promover a diversidade, temendo conflitos ou atritos no relacionamento. Elas presumem que pessoas muito diferentes umas das outras terão dificuldade de trabalhar em colaboração. Outro estudo descrito na *Harvard Business Review* constatou não só que esses temores são exagerados, mas também que incluir uma pessoa diferente em uma equipe uniforme dobra as chances de o grupo resolver um problema difícil, e que isso acontece justamente em virtude do atrito gerado.[15] Podemos até achar ser mais difícil trabalhar colaborativamente em uma equipe diversificada, mas os pesquisadores concluíram que incluir a diversidade cognitiva leva a melhores resultados porque força as pessoas a sair de sua zona de conforto e a considerar ideias e pontos de vista que poderiam nunca ter passado pela cabeça ou dos quais elas podem até discordar.

As pesquisas que investigam a diversidade cognitiva sempre me levaram a pensar: e se fizéssemos testes padronizados, como o vestibular, em grupo, e não individualmente? Quando lanço essa sugestão, as pessoas imediatamente se preocupam com a possibilidade de colegas menos inteligentes causarem a redução de suas notas (o que é irônico, já que, estatisticamente, para pelo menos 50% das pessoas que fazem a prova, a outra pessoa melhoraria sua nota). Mas, considerando que cada um tem vantagens cognitivas diferentes, você não acha que tiraria uma nota mais alta se fizesse a prova com pessoas que compensariam as suas deficiências? Alguns diriam que o objetivo das provas padronizadas é mensurar os conhecimentos individuais, mas, como sabemos que o desempenho individual em uma prova na verdade não é um bom fator preditivo do sucesso na faculdade ou na pós-graduação, para que nos dar ao trabalho de testar individualmente os candidatos? Será que a nossa capacidade de resolver problemas em equipe não seria um fator mais representativo da maior parte do trabalho que pessoas com um diploma universitário realizam?

Quanto mais diversificado for o nosso ecossistema, mais forte e resiliente ele será. Ao incluir influências até então negligenciadas, como os lobos que foram reintroduzidos no Parque Nacional de Yellowstone, podemos nos proteger melhor das ameaças. E, quanto mais diversificada for a nossa rede, mais capazes seremos de criar a nossa própria sorte. No livro *O fator sorte*, o dr. Richard Wiseman argumenta que o segredo para ter mais "sorte" é variar os nossos relacionamentos e as nossas rotinas para aumentar a exposição a novas ideias e possibilidades. Uma rede de relacionamento composta de muitas pessoas parecidas conosco nos leva a deixar de abrir portas e explorar muitas oportunidades. Se tiver doze bons amigos no trabalho e todos trabalharem no departamento contábil, por exemplo, você nunca saberá daquela vaga que acabou de ser aberta no departamento de marketing, nem será convidado para trabalhar naquela grande iniciativa com a equipe de desenvolvimento de projetos.

Mas não basta cultivar um sistema estelar diversificado. Também é importante escolher pessoas que satisfaçam diversos *propósitos* na sua vida. Para isso, sugiro buscar uma combinação de três tipos de influências positivas: **pilares**, **pontes** e **extensores**.

Os **pilares** são formados pelas pessoas que atuam como portos seguros em momentos de dificuldade. São as pessoas com quem você sempre poderá contar, aquele amigo fiel que largará tudo para ir à sua casa de madrugada levando um pote de sorvete, o mentor no trabalho que o defenderá para que conquiste uma promoção, o colega de equipe que o ajudará a concluir suas tarefas quando você não estiver dando conta. É importante ter, na sua vida, um bom número de pessoas que o estimulem a progredir e que verifiquem se você está cumprindo as suas promessas e resoluções, mas você também precisa de fontes de apoio e aceitação incondicionais.

As **pontes** são indivíduos que o conectam com novas pessoas ou recursos fora do seu ecossistema habitual. Uma ponte pode convidá-lo para entrar em um clube, um comitê ou um time de basquete, ou pode apresentá-lo a investidores interessados em financiar seu projeto. Você vai saber que uma pessoa é uma ponte se ela tiver conexões e recursos diferentes dos seus. Ela não precisa necessariamente ter um *status* superior para ser uma ligação com outras pessoas ou oportunidades de alto potencial.

Um dos maiores erros que as pessoas cometem é focar demais a hierarquia tradicional ao buscar novas conexões ou perspectivas. Vi com os meus próprios olhos os perigos dessa atitude ao trabalhar com uma grande empresa cuja liderança sênior não estava conseguindo melhorar a eficiência de seu centro de distribuição. Fiquei chocado ao descobrir que alguns de seus líderes de estratégia e relações com o consumidor nunca tinham visitado o local. Sugeri uma visita ao centro de distribuição, e foi fascinante ver a profusão de ideias criativas que os gerentes do centro de distribuição propuseram aos líderes. Quando os executivos se livraram das amarras da hierarquia oficial e admitiram que os gerentes do centro de distribuição eram especialistas com um profundo conhecimento das operações cotidianas, tiveram muito mais condições de resolver os complexos problemas logísticos.

Da mesma forma como as boas ideias podem vir de qualquer lugar, o acesso às oportunidades não se restringe aos nossos melhores amigos que têm conhecidos ocupando altos cargos. Na década de 1960, o sociólogo Mark Granovetter escreveu um artigo baseado em suas pesquisas sobre como as pessoas encontravam empregos. Ele constatou repetidamente que os indivíduos encontravam trabalho com a ajuda não dos amigos mais próximos, mas de meros conhecidos.[16] Incluir alguns vínculos distantes à sua rede, independentemente do *status* dessas pessoas, aumenta as suas chances de concretizar uma oportunidade.

Os **extensores** são influências positivas que o forçam a sair da sua zona de conforto. Pode ser um mentor ou um amigo com uma personalidade ou conhecimentos muito diferentes dos seus. Por exemplo, eu sou mais para tímido e introvertido, por isso preciso dos meus amigos extrovertidos para me convidar para eventos sociais e me incentivar a me abrir para novas experiências. E, por ser uma pessoa que tende a fazer muitas coisas e se envolver em muitos projetos ao mesmo tempo, preciso dos meus amigos mais focados e detalhistas para me desacelerar quando estou correndo descontroladamente em direção a algum objetivo.

Tendemos a gostar de pessoas parecidas conosco, o que limita a nossa exposição não apenas a ideias e perspectivas diferentes, mas também a novas experiências. Médicos que só socializam com outros médicos, por exemplo, podem nunca sair de sua zona de conforto e ter a ideia de fazer um curso de arte ou gastronomia. Os fanáticos por futebol que só socializam com outros fanáticos por futebol podem nunca sair de sua zona de conforto para assistir a uma orquestra sinfônica. Pesquisas demonstram que, para nos beneficiar da diversidade, é preciso aceitar as diferenças das pessoas, *principalmente* se nos sentimos incomodados ou ameaçados com a situação.

O mais importante para uma boa liderança não é focar o planejamento e o posicionamento da empresa, mas sim as pessoas. Quando Jim Collins e sua equipe de pesquisa analisaram proeminentes líderes empresariais, eles esperavam que o desenvolvimento dos participantes tivesse começado por visão e estratégia. Só que eles descobriram que os líderes "se voltavam primeiro às pessoas e só depois à estratégia". O desempenho na liderança está interconectado com o desempenho das pessoas da equipe e, quanto mais diversificada for essa equipe, melhor.

Então, passe uma semana conversando com alguém de alguma outra área. Pode ser um simples "Tudo bem? Como vai?" até um almoço ou um café. Tente se aproximar de pessoas que você normalmente evitaria. Tire um tempo para conhecer as que o arrancam da sua zona de conforto: pessoas que são "diferentes" não só em termos de raça ou sexo, mas que também *pensam* diferente de você. Pode ser aquela mulher da sua equipe que sempre tem ideias malucas, mas "tão malucas que até podem dar certo", aquele parente com tendências políticas das quais você discorda ou aquele vizinho idoso com uma história de vida totalmente distinta da sua. A lição que fundamenta essa estratégia é que todos podem nos ensinar alguma coisa se soubermos ouvir o que têm a dizer e nos conectar com eles.

Por fim, tente ajudar as pessoas do seu ecossistema a se conectar com os outros também. Segundo a teoria da rede aleatória, "à medida que o número médio de ligações por nó da nossa rede excede o ponto crítico, o número de nós excluídos dessa grande rede cai exponencialmente".[17] **Em outras palavras, quanto mais conexões incluímos na nossa rede, mais difícil é encontrar um nó isolado.** Sempre que ajudamos alguém a aumentar o número e a variedade de pessoas em sua vida (mesmo se lhe apresentarmos apenas um novo contato), acabamos reforçando o sistema todo. Quanto mais nós você tiver na sua rede, menos chances terá de negligenciar alguém e mais resiliência apresentará em momentos de dificuldade. Nunca se esqueça de que a biodiversidade é vital para seus relacionamentos e que, quanto mais forte e mais diversificada for sua rede, mais apoio você terá para atingir o seu Grande Potencial.

Estratégia 3: crie vínculos recíprocos

Como contei anteriormente, na época em que estive deprimido, tive de deixar cair as minhas defesas e me abrir para as pessoas. Os relacionamentos de mão única nunca nos darão o salto duplo de energia para atingir ou sustentar o nosso potencial por muito tempo. Você sabe muito bem o que eu quero dizer quando falo em "amigo de mão única". São aquelas pessoas que só querem falar sobre os próprios problemas de relacionamento ou suas frustrações no trabalho, mas que, quando você precisa, não demonstram um pingo de interesse ou dão um jeito de se afastar. Por sua vez, cabe a você não ser essa pessoa para seus colegas, parentes e amigos. O ideal é encontrar um equilíbrio entre revelar quem você realmente é e ser um bom ouvinte quando as pessoas lhe revelarem quem elas verdadeiramente são. Os melhores relacionamentos se fundamentam em vínculos recíprocos: o último ingrediente para criar um bom sistema estelar.

É tentador só recorrer às pessoas da nossa rede quando precisamos de ajuda, mas, para nos beneficiar ao máximo de um relacionamento, precisamos criar o hábito de também procurá-las para lhes oferecer ajuda. Como Robert Cross, da Universidade de Virgínia, constatou: "Os relacionamentos recíprocos também tendem a ser mais vantajosos. Os melhores líderes sempre procuram maneiras de ajudar seus contatos".[18] Se quiser se aprofundar nesse tema, não precisa reinventar a roda. Sugiro que leia o livro *Dar e receber*, de Adam Grant, para aprender como ajudar as pessoas a ajudá-lo. "Quando os 'tomadores' saem ganhando, em geral alguém sai perdendo. Pesquisas demonstram que as pessoas tendem a invejar os 'tomadores' e a tentar derrubá-los. Por outro lado, quando os 'doadores' ganham, as pessoas torcem por eles e os ajudam em vez de tentar prejudicá-los. O sucesso dos 'doadores' gera um efeito propagador, expandindo o sucesso de todas as pessoas ao seu redor."

Quanto mais recíproco for o relacionamento, maior será seu impacto sobre a nossa felicidade, o nosso engajamento e a nossa criatividade. Em um estudo, pesquisadores avaliaram o impacto de verdadeiros amigos em oposição a falsos amigos sobre o nosso bem-estar e a nossa felicidade. Quando dois respondentes se disseram amigos, os pesquisadores rotularam o relacionamento como uma "amizade mútua", mas, se apenas um deles considerasse o outro um amigo, o relacionamento era apelidado de "amizade percebida". Os pesquisadores descobriram que, se um amigo mútuo estivesse feliz, a probabilidade de a outra pessoa da dupla também estar feliz aumentava 63%. Se um amigo *percebido* estivesse feliz, contudo, a outra só tinha 12% de chance de também estar feliz.[19] Eu diria que uma "amizade percebida" chega a ser um pouco triste.

Os vínculos recíprocos também promovem a segurança psicológica, que o Projeto Aristóteles do Google concluiu ser o principal ingrediente do sucesso de uma equipe (e fator muito mais importante que atributos individuais, como a criatividade, a determinação ou a inteligência). Amy Edmondson, professora da Faculdade de Administração de Harvard, define a segurança psicológica como "a crença compartilhada mantida pelos membros de que é seguro correr riscos interpessoais na equipe". De acordo com Edmondson, quando os relacionamentos são de mão dupla, os indivíduos "confiam que a equipe não vai envergonhar, rejeitar ou punir alguém por expressar sua opinião". Um clima de confiança e respeito mútuo, que incentiva todas as pessoas a serem elas mesmas, é fator fundamental para qualquer grupo que deseje atingir seu Grande Potencial.

Essa estratégia só tem uma possível desvantagem: a sobrecarga colaborativa. Na busca de atingir o Grande Potencial, tendemos a querer acumular o maior número possível de conexões. Mas, quando esses relacionamentos são vias de mão dupla (ou seja, quando retribuímos a ajuda que recebemos), corremos o risco de ficar sobrecarregados. Apesar do que a maioria dos livros de autoajuda afirma, pesquisas demonstram que os que têm grande número de conhecidos (nem precisam ser amigos) têm menos chances de atingir um desempenho espetacular por serem forçados a dividir sua atenção entre muitas pessoas.[20] Essa regra se aplica em especial a pessoas de alto desempenho simplesmente porque, quanto mais sucesso você tiver, mais pessoas vão competir pelo seu tempo.

Para reforçar o argumento, Adam Grant publicou um artigo intrigante na *Harvard Business Review*, em coautoria com Rob Cross e Reb Rebele, descrevendo um estudo com mais de 300 organizações que constatou que nada menos que um terço das colaborações que agregaram valor à empresa resultou da participação de apenas 3% a 5% das pessoas. Faz muito sentido: uma vez que alguém passa a ser conhecido por ser um ótimo colaborador, todo mundo quer colaborar com ele. Pode parecer vantajoso ser tão requisitado, mas os pesquisadores descobriram que, quando o número de colegas competindo por seu tempo se aproximava de 25 indivíduos ou mais, a satisfação no trabalho e a felicidade da pessoa caíam. "Constatamos que, quando o número de pessoas buscando mais acesso [ao excelente colaborador] supera a marca dos 25, aproximadamente, o desempenho tanto do colaborador quanto do grupo como um todo sai prejudicado, e o fator passa a prever a rotatividade voluntária na equipe".

Posso dizer que senti isso na pele. Eu costumava aceitar todos os convites para dar palestras, ouvir todas as propostas de "potenciais parcerias" e participar de todas as pesquisas. Adorava tudo aquilo. De repente, cheguei a um ponto em que parecia que tinha assumido tantos compromissos que não conseguia passar um dia sequer sem deixar muitas pessoas na mão. Ainda por cima, eu tendo a querer agradar a todos, então você pode imaginar como a situação era penosa para mim. Ao buscar atingir o Grande Potencial, precisamos restringir a nossa exposição à "sobrecarga colaborativa", evitando tentar ser tudo para todos e procurando adotar uma abordagem estratégica para selecionar as pessoas com quem formamos conexões.

Em uma ocasião, um ex-aluno e um bom amigo meu concorreu ao cargo de presidente do comitê estudantil de Harvard. Sua humildade e seu senso de humor faziam dele um candidato extremamente popular, mas ele participava de tantas ações para melhorar a universidade que ficou sobrecarregado e suas notas e seu trabalho começaram a ser prejudicados. Quanto mais ficava para trás, mais ele empurrava os prazos para o fim do semestre e, assim, cada vez mais ele ficava para trás. No fim, o que o salvou foi exatamente o que me salvou na minha batalha contra a depressão: ele se abriu para as pessoas. Quando explicou a situação para os professores, eles foram compassivos e decidiram lhe dar uma chance. Acontece muito de a gente querer se matar de estudar ou trabalhar tentando ser o grande astro da nossa constelação, sem nos dar conta de que relacionamentos fortes nos possibilitam atingir o mesmo sucesso sem os altos custos da solidão, do distanciamento e do *burnout*.

Precisamos de vínculos recíprocos para criar um sistema estelar no qual possamos realmente brilhar. Para encontrar pessoas dispostas a se abrir, ser autênticas e generosas, também precisamos demonstrar a nossa disposição e capacidade de nos abrir, ser autênticos e generosos. Se você encontrar esses saltadores duplos, não os deixe escapar; eles valem seu peso em ouro. O resultado não apenas será um maior potencial para você, mas também relacionamentos mais profundos e mais expressivos.

A Cidade Cinza

Quem me conhece sabe que meu autor favorito e meu ídolo intelectual é C. S. Lewis, um homem que possuía a rara habilidade de conduzir complexas discussões teológicas com as mentes mais brilhantes de Oxford e traduzir essa mesma teologia para uma criança de 6 anos em seus livros de ficção. Apesar de eu adorar tudo o que ele escreveu, a obra de Lewis que mais influenciou meus próprios textos foi *O grande abismo*, um romance curto sobre pessoas que vão ao purgatório, que ele chama de Cidade Cinza, depois de morrer. No começo, todo mundo da Cidade Cinza vivia muito próximo, mas, diante de dificuldades e conflitos na comunidade, as pessoas passaram a construir suas casas distantes umas das outras. Quando achavam que a nova casa estava perto demais de um vizinho intrometido, de um amigo "negativo" ou de alguém que não retornou sua ligação na semana anterior, elas se mudavam e se distanciavam um pouco mais. E assim foram se distanciando mais e mais. Em pouco tempo, qualquer pequeno desentendimento ou desfeita as levava a se afastar. O resultado foi que as pessoas que viviam no Céu passaram a ver a Cidade Cinza como uma espécie de inferno onde se vivia na escuridão, no isolamento, na desconfiança e na solidão. Eu diria que essa descrição de um inferno é acertadíssima.

Tive uma amiga que vivia me dizendo que gostava de conversar comigo porque eu via o lado bom das coisas. No começo eu ficava lisonjeado, mas, depois de conhecê-la melhor, percebi que ela parecia ter muitas histórias sobre colegas de trabalho negativos, difamatórios, fofoqueiros ou tóxicos. Ou sobre garçons que faziam questão de fingir que não a viam, ex-namorados indolentes e que nunca a respeitaram ou amigas que morriam de inveja dela. Em uma viagem que fizemos juntos, ela puxou uma briga no avião com um sujeito que não lhe deu passagem durante o desembarque, irritou-se porque achou que o agente de viagens que não pôde mudar nosso voo foi grosseiro e exigiu falar com o gerente do hotel para reclamar do barulho das camareiras no corredor. Isoladamente, todos esses incidentes podem parecer bons motivos para se chatear. Sim, as camareiras estavam fazendo barulho. Sim, o agente de viagem poderia ter sido mais gentil. Sim, aquele cara poderia ter dado passagem para ela sair. Mas, analisando tudo junto, ficava claro que ela tendia a dar peso aos pequenos eventos negativos e ignorar o lado positivo do relacionamento ou da situação. E, por isso, acabava se distanciando de colegas, amigos, namorados e familiares. Ela não só estava desgastando aos poucos seu ecossistema social como estava criando um inferno particular.

Uso o termo "inferno" justamente por ser uma palavra carregada e porque, por experiência própria, tendo sobrevivido a dois anos de depressão, sei que pode ser terrível se sentir tão solitário e desconectado do mundo. A depressão é uma Cidade Cinza. E, por ironia, o melhor caminho para sair da Cidade Cinza é buscar o que costumamos afastar da nossa vida: a conexão social. Ninguém é perfeito, e não é difícil encontrar motivos para sairmos decepcionados, frustrados ou para nos indispor se ficarmos procurando defeitos nas pessoas. Para mim, a depressão foi um sintoma do meu distanciamento físico, emocional e espiritual em relação a todo mundo. Até Oprah, que acumulou uma fortuna, não foi imune à depressão e pôde perder, mesmo que só por um tempo, o sentido de sua vida. Quando isso acontece, precisamos mais do que nunca de pessoas ao nosso redor. Como Helen Schucman escreveu em *Um curso em milagres*: "Sua tarefa não é buscar o amor, mas apenas procurar e encontrar todas as barreiras dentro de si que você construiu para se proteger do amor".

Todo mundo precisa passar um tempo sozinho de vez em quando, mas o verdadeiro sentido, sucesso e felicidade na vida são impossíveis sem uma conexão com as pessoas. O Grande Potencial nos lembra de que só podemos brilhar se nos cercarmos de outras estrelas.

4

Expanda o seu poder
Lidere em qualquer posição

"Eu salvei uma vida"

Em dezembro de 2016, em uma manhã fria e úmida, me vi no meio do nada no norte da Califórnia. Ao perceber que estávamos nos distanciando cada vez mais da "civilização", com vacas começando a substituir Starbucks, fui dar uma olhada no Google Maps para ver se estávamos no caminho certo. O celular estava sem sinal. Finalmente, o carro parou diante do que parecia ser um antigo moinho. Para a minha surpresa, a construção tinha sido reformada para abrigar eventos alegres, como casamentos e reuniões de família. Aquela transformação radical parecia simbolizar a razão pela qual eu estava lá: aprender sobre um novo programa da companhia Kaiser Permanente que tinha transformado recepcionistas e outras pessoas da equipe de apoio em prestadores de serviços com o poder de salvar vidas. Quando aquele encontro aconteceu, o programa já tinha salvado 471 pessoas.

No cômodo normalmente reservado para noivas e suas comitivas, tive a honra de conversar com o dr. Sanjay Marwaha e Monica Azevedo, do Permanente Medical Group, que me contaram sobre o programa I Saved a Life (Eu Salvei Uma Vida). A abordagem era ao mesmo tempo direta e inovadora: empoderar todos os funcionários do hospital (até as pessoas sem nenhum treinamento na área da saúde) a prestar cuidados médicos. Eu sei o que você está pensando: "Os advogados do hospital podem se preparar para suar a camisa com a enxurrada de ações judiciais por erro médico". Mas veja como a coisa funciona.

Uma organização que valoriza o Pequeno Potencial tem uma forma clara para saber quem é capaz de liderar a mudança. Engessadas por camadas e mais camadas de hierarquia, essas organizações criam uma falsa dicotomia entre as pessoas que têm o poder de decidir, inovar ou agir e as pessoas que, cegamente, só devem obedecer. No caso da área de saúde, é muito fácil pensar em médicos e enfermeiros como os "prestadores de serviços médicos" e nos administradores e recepcionistas como o "pessoal de apoio". À primeira vista, parece ser uma maneira perfeitamente lógica de dividir as tarefas de um hospital. Mas, como veremos, esse tipo de mentalidade limita a capacidade de nos beneficiar do Grande Potencial.

Vamos supor que você esteja com dor de ouvido e vá ao clínico geral. Depois de passar horas na sala de espera, é chamado ao consultório, onde o médico dá uma rápida olhada no seu ouvido e o manda procurar um otorrinolaringologista. Você marca uma consulta, preenche um extenso questionário sobre os seus ouvidos, o médico faz algumas perguntas e pede um exame dos ouvidos. Você não estranha nada. Afinal, o que dói são os seus ouvidos.

Mas e se a sua dor de ouvido for causada por um vírus que você pegou porque está tão ansioso que não consegue dormir bem e o seu sistema imunológico está debilitado? Afinal, o ser humano é um organismo interconectado e muitas coisas que podem causar a dor no ouvido estão acontecendo no seu cérebro e no seu corpo. Como o otorrino é especializado em ouvidos, talvez não pergunte se você está dormindo bem e pode não encontrar a causa da sua dor. Em um mundo no qual os prestadores de cuidados médicos são cada vez mais especializados e atuam em feudos cada vez menores, a equipe da Kaiser decidiu investigar maneiras de fazer uma pausa e tentar analisar o quadro geral.

A solução que encontrou foi muito simples: derrubar a falsa dicotomia que domina a maioria dos hospitais do mundo e empoderar as pessoas que não costumam ser vistas como "prestadores de serviços médicos" para que se voltem a problemas de saúde que podem passar despercebidos em uma organização extremamente hierarquizada. Sabendo que uma das ferramentas mais eficazes, apesar de subutilizada, para melhorar os resultados dos cuidados médicos é a prevenção, a equipe da Kaiser decidiu convidar e treinar recepcionistas para encontrar maneiras de ajudar os pacientes a fazerem exames preventivos.

Hoje em dia, se você ligar para marcar uma consulta com um médico por qualquer razão (inclusive dor de ouvido), o atendente vai começar verificando se você está com os exames preventivos em dia (mamografia, papanicolau, endoscopia ou colonoscopia) e então perguntar se não gostaria de marcar um horário para realizá-los. A ideia é genial, porque o programa empodera todas as pessoas envolvidas na supervisão, na prestação ou no agendamento de serviços médicos (com ou sem formação médica) a ajudar a organização a atingir seu principal objetivo: melhorar a saúde dos pacientes.

Isso funcionou maravilhosamente. Se um paciente concorda em fazer um exame preventivo e um câncer é identificado a tempo de ser tratado, isso é considerado uma vida salva. Quando a Kaiser Permanente contabilizou os resultados, constatou que, das 1.179 mulheres que tinham sido diagnosticadas com câncer de mama em seus hospitais desde o início do programa, nada menos que 40% tinham marcado a mamografia por sugestão de um dos funcionários "de apoio" participantes da iniciativa. O programa já teria valido a pena se salvasse apenas uma única vida, mas 471 vidas salvas equivalem a uma verdadeira revolução.

Se eu lhe perguntasse quais funcionários de um hospital são os maiores heróis, acho que você não pensaria nos recepcionistas, pessoas que nunca chegam a pisar em uma sala de cirurgia, não coletam sangue, não sabem interpretar um raio X e alguns só falam com os pacientes por telefone. Esses heróis não raro trabalham no cubículo de uma central de atendimento e, para convencer um paciente a fazer um exame preventivo, precisam se conectar emocionalmente com as pessoas, analisar dados e saber contar histórias, tudo por telefone. A eficácia nessa tarefa requer que eles *acreditem* no próprio poder de fazer a diferença e em sua capacidade de salvar vidas.

O sucesso do programa não teria sido possível se a empresa não permitisse que todos os seus funcionários assumissem a liderança, independentemente de cargo, posição, formação ou experiência. Em outras palavras, a Kaiser criou um sistema no qual as pessoas pudessem liderar em qualquer posição.

Não importa qual seja a sua área de atuação ou o seu trabalho, acreditar que você também pode liderar multiplica o seu potencial para provocar mudanças. As pessoas que tentam brilhar sozinhas e acreditam que só terão o poder de gerar modificações se e quando ocuparem um cargo de liderança "oficial" só conseguirão atingir o Pequeno Potencial. Mas, quando todos atuam em um sistema, em qualquer cargo ou posição, quando todos se encarregam de promover mudanças, praticamente tudo passa a ser possível. **Precisamos nos libertar da tirania dos rótulos se quisermos atingir o Grande Potencial.**

Muitas pessoas acreditam que a liderança é uma atividade individual, um fardo a ser carregado sozinho. **No entanto, levar todo o peso da liderança sozinho é o caminho mais rápido para o *burnout*.** Se você administrar um hospital e achar que é o único responsável pela saúde de todos os pacientes, pode acabar sendo acometido pelo fenômeno conhecido como *fadiga por compaixão* e ser afetado pelo sofrimento dos pacientes. Se for um gerente de vendas ou um diretor financeiro e assumir toda a responsabilidade pelos retornos aos acionistas da empresa, corre o risco de sucumbir ao enorme peso desse fardo. Se tiver filhos adolescentes e achar que precisa se encarregar de todas as decisões do futuro deles, estará criando uma tensão excessiva, desnecessária e inútil no relacionamento de vocês. Líderes de alto potencial costumam ser aconselhados: "Se quiser um trabalho bem-feito, faça você mesmo". Esse conselho não só é equivocado como é a maneira mais rápida de restringir seu potencial. Seu tempo e sua energia são finitos, mas as demandas são infinitas. Você simplesmente não tem como atender a todas as demandas, a menos que seja capaz de EXPANDIR a responsabilidade e o trabalho de liderança a todas as pessoas envolvidas na missão.

Na introdução deste livro, descrevi pesquisas da neurociência e da psicologia positiva que revelaram o alto custo para pessoas e organizações de ver o sucesso como um jogo de soma zero. O mesmo pode ser dito sobre a liderança. Se acha que a liderança e a influência são recursos limitados reservados apenas às pessoas que ocupam os cargos mais elevados, estará desligando a parte do seu cérebro que poderia buscar novas possibilidades ou oportunidades de liderar. Esse colapso cognitivo não só o impede de enxergar oportunidades de criar mudanças, como reduz enormemente sua energia, criatividade, felicidade e eficácia. Se quisermos o Pequeno Potencial, é melhor deixar a liderança nas mãos dos "líderes". Mas, se quisermos o Grande Potencial, devemos inspirar e capacitar as pessoas a liderar em qualquer posição. Quando abrimos mão da ideia de que o poder de liderar é restrito a poucas pessoas, podemos multiplicar o nosso próprio poder e o poder do grupo como um todo.

No capítulo anterior, vimos como criar e fortalecer nosso ecossistema do potencial ao nos CERCAR de pessoas de alto potencial. Neste capítulo, veremos como EXPANDIR a nossa definição de liderança e nosso espírito de participação para liderar em qualquer posição, e aprenderemos a multiplicar o poder e a influência empoderando os outros a fazerem o mesmo. Contarei a história de uma "fábrica de fracassos" e um experimento original em uma empresa de tecnologia de US$ 17 bilhões, e apresentarei pesquisas que estou conduzindo em empresas e escolas ao redor do mundo para mostrar medidas que qualquer pessoa pode tomar para EXPANDIR seu potencial na vida pessoal e no trabalho.

Tudo começa aprendendo uma regra de ouro: **para se expandir, o poder precisa ser reconhecido, desejado e reforçado**.

Vejamos isso na prática em um distrito escolar dos Estados Unidos.

De fábrica de fracassos a fábrica de sucessos

Em 2010, Joel Pedersen conseguiu seu primeiro emprego, como superintendente do Distrito Escolar da Comunidade de Cardinal, na cidade de Eldon, estado de Iowa. Cardinal era famoso. Localizado no mais pobre dos 99 condados de Iowa, estava entre os 10% das piores escolas dos Estados Unidos de acordo com um estudo conduzido pelo governo do então presidente Barack Obama. A escola era considerada uma "fábrica de fracassos", um termo utilizado no documentário *Waiting for "Superman"* para se referir a uma escola que cria barreiras à ascensão econômica de seus alunos. Os amigos e os parentes de Joel o aconselharam a não aceitar o emprego. Disseram que aquele distrito escolar era doente e incorrigível e que ele sem dúvida acabaria estafado e desiludido com sua profissão antes mesmo de começar. Mas Joel era um otimista e não achava que a história do Cardinal estava sendo bem contada. Ele acreditava que, se fosse possível convencer todas as pessoas do ecossistema que elas têm o poder de promover a mudança, o potencial e o desempenho do sistema e de cada participante poderiam melhorar muito.

Pensando assim, aceitou o emprego. Naquele ano, passeando por uma livraria, Joel viu por acaso o meu livro *O jeito Harvard de ser feliz*. O livro validava a abordagem que ele pensava em aplicar em Cardinal, e passou imediatamente a usar seu cargo de superintendente para instituir mudanças positivas. Joel sabia que, para aumentar seu potencial na liderança, precisaria de toda a ajuda que conseguisse recrutar. Sua primeira atitude foi identificar as pessoas de quem precisaria se cercar (as influências positivas na comunidade). Encontrou professores que ainda acreditavam no poder da educação e os promoveu para assumir a liderança dos principais comitês escolares. Com a ajuda de seus aliados, passou a conquistar corações e mentes por todo o ecossistema.

A maioria das pessoas pensa equivocadamente que só professores, diretores e superintendentes têm algum poder de promover mudanças nas escolas. Mas, quando Joel parou para fazer uma lista de quem detinha algum poder em Cardinal, sua lista incluiu não só os professores e a administração, mas também a equipe do refeitório, os bibliotecários, os zeladores e os guardas de trânsito. A maioria das escolas oferece um ou outro curso a seus professores e funcionários da alta administração, mas o treinamento de liderança raramente (ou nunca) se estende àqueles que também exercem funções importantíssimas na escola: os que trabalham diretamente com os alunos, como motoristas de ônibus, o pessoal da manutenção e as secretárias do escritório do diretor. Joel teria de dar poder a todas essas pessoas para liderar, mas sabia que, primeiro, teria de ajudá-las a reconhecer que também eram líderes.

Para isso, apresentou uma palestra a todos os funcionários do distrito escolar e disse que todos eles, sem exceção, não importando o cargo, a posição ou o salário, tinham o poder de mudar não só a cultura da escola, mas o futuro dos alunos. Em seguida, fez questão de colocar o discurso em prática. Incentivou os motoristas de ônibus a escrever bilhetes pessoais para alegrar o dia de cada uma das crianças que entrava em seu ônibus. Convidou os professores substitutos a participar do treinamento dos educadores titulares. Criou workshops para ensinar o pessoal do refeitório sobre os benefícios da positividade. Em resumo, permitiu que todas as pessoas de seu sistema estelar se transformassem em estrelas.

As mudanças começaram a surtir efeito, mas Joel sabia que, para sustentar e manter o ímpeto inicial, precisaria convencer todo mundo a aderir à mudança de cultura. Foi nessa época que um panfleto chamou a atenção de Joel. O folder anunciava um workshop, organizado pela

Associação de Superintendentes de Escolas, sobre a psicologia positiva e uma parábola que escrevi intitulada *The Orange Frog* (O sapo laranja).

A parábola tinha nascido como um livro infantil que escrevi sem nenhuma pretensão durante um longo voo da Austrália para os Estados Unidos. Ele nasceu por causa dos muitos pais que escreviam para o site da minha empresa manifestando interesse em ensinar os conceitos de *O jeito Harvard de ser feliz* para as crianças antes de elas conseguirem ler um livro repleto de pesquisas científicas. A ideia daquele livro era inventar uma história de linguagem fácil e divertida para as crianças sobre alguém que tinha medo de ser visto como diferente se tivesse uma mentalidade positiva, mas que, no fim, acabou descobrindo as vantagens do otimismo.

A história é sobre um sapo chamado Spark que mora em uma ilha de sapos verdes. Spark é um pária na sociedade por ter nascido com uma mancha laranja. Além de sua cor estranha, ele é um otimista cercado de pessimistas e, quanto mais tenta contagiar os outros sapos com sua positividade, mais alaranjado fica, levando os outros de sua espécie a excluí-lo ainda mais. No decorrer da história, Spark descobre que sua coloração laranja não só é vantajosa para protegê-lo dos predadores de seu ecossistema (as garças), como também é contagiante. Assim, ele sai em busca de maneiras de transformar os outros sapos em laranja. O objetivo da parábola era mostrar como uma única pessoa positiva pode acabar criando um efeito propagador de positividade que contagia todo mundo.

Joel quis criar um efeito propagador similar no Distrito Escolar da Comunidade de Cardinal, um efeito capaz de contagiar todos os "sapos verdes" que trabalham nas escolas com a crença de que eram também líderes e que todos eles, sem exceção, tinham nas mãos o poder de ajudar os alunos a atingir seu máximo potencial. Joel usou a história do sapo laranja para unir todos os funcionários da comunidade.

Foi bonito de ver os efeitos. Todos leram o livro, inclusive os motoristas de ônibus escolares, os professores e o pessoal do refeitório, e as escolas adotaram a versão em quadrinhos que criamos para que os alunos também lessem. Os estudantes logo começaram a se encarregar da mudança fundando clubes de generosidade voltados a ajudar outros alunos. Tanto os funcionários quanto os jovens começaram a praticar a gratidão, a adotar técnicas de resolução de conflitos e a escrever diários. Todos os funcionários, independentemente de posição ou grau de escolaridade, se transformaram em sapos laranja e se tornaram verdadeiros agentes de mudança. (Você pode ver um vídeo espetacular, em inglês, da intervenção no Cardinal no site shawnachor.com, que mostra professores, antes desmotivados, espalhando o otimismo pelas escolas.)

Trabalhando com escolas por todo o país, ouço muitas histórias inspiradoras de professores que ajudaram a mudar a vida de seus alunos. A diferença do Cardinal, contudo, é que Joel tinha informações que possibilitaram quantificar o impacto de empoderar as pessoas para liderar em qualquer posição. Em apenas cinco anos, de 2012 a 2017, a nota média no vestibular (de um máximo de 36 pontos) tirada pelos alunos do ensino médio do Cardinal **subiu de 17 para 21**! Em 2016, 92% dos alunos do Cardinal conseguiram se formar, o que seria uma conquista impressionante para qualquer escola, mas, para um distrito escolar carente antes considerado uma "fábrica de fracassados", foi um feito absolutamente extraordinário. O próprio Joel é um educador brilhante, mas, em vez de carregar sozinho todo o peso da mudança nos ombros, ele deu poder a todo um sistema estelar que brilhou muito mais do que ele conseguiria brilhar sozinho.

Com as mudanças que Joel e sua equipe implementaram, o número de matrículas na Cardinal subiu pela primeira vez em décadas. Até pais que poderiam ter escolhido para os filhos uma escola em um distrito mais rico estavam optando pela do condado mais pobre porque acreditavam que Cardinal lhes daria uma educação melhor. O condado aprovou um orçamento de US$ 5,3 milhões para melhorar ainda mais suas escolas, e o sucesso de Cardinal está sendo replicado em escolas dos estados de Iowa, Arizona, Wisconsin, Michigan, Kentucky e Illinois. Neste último estado, por exemplo, o Distrito Escolar 54 de Schaumburg já era um dos melhores do estado, mas o superintendente Andy DuRoss achava que seria possível elevar ainda mais o potencial dos alunos se uma cultura mais positiva fosse promovida em todo o ecossistema. Em abril, ele e a diretora Amanda Stochl apresentaram a história do sapo laranja aos funcionários, professores e alunos da Escola Lincoln Prairie. Apenas 21 dias depois, descobriram que 91% dos alunos estavam mais felizes na escola, 70% estavam mais felizes fora da escola e 85% achavam que tinham como aprender a ser ainda mais felizes. Nada menos que 96,3% dos funcionários e professores estavam se sentindo mais otimistas ao final das três semanas.

Joel e outros educadores conseguiram transformar seus distritos escolares enfrentando todas as adversidades não só porque reconheceram seu próprio poder para promover uma mudança, mas porque aprenderam como EXPANDIR esse poder para transformar as pessoas ao seu redor em verdadeiros agentes transformadores.

Neste capítulo, você aprenderá a fazer o mesmo, adotando quatro estratégias:

>   ESTRATÉGIA 1: Lidere na base da pirâmide
>   ESTRATÉGIA 2: Desenvolva seu poder de persuasão
>   ESTRATÉGIA 3: Use o progresso para progredir ainda mais
>   ESTRATÉGIA 4: Lidere em qualquer lugar

Estratégia 1: lidere na base da pirâmide (reconheça sua capacidade de liderar)

O já indicado ao Grammy Awards Benjamin Zander, regente da Orquestra Filarmônica de Boston, fez uma popular palestra no TED Talk sobre música e paixão.[1] Nela, conta a história de uma violoncelista que estava desanimada por ter sido delegada à 11ª cadeira na seção de violoncelos.[2] Em vez de se focar no privilégio de fazer parte de uma das melhores e mais famosas orquestras do mundo, ela só conseguia pensar nos dez músicos que ocupavam as cadeiras antes dela. Apesar do enorme talento que sem dúvida tinha para estar participando de uma orquestra de elite como aquela, ela achava que não passava de uma mera engrenagem do mecanismo.

Percebendo sua falta de motivação, Zander decidiu consultá-la para saber como ela achava que ele deveria reger um difícil trecho da sinfonia que apresentariam na semana seguinte. A violoncelista deu sua opinião com cautela, e, na apresentação, Zander seguiu exatamente a sugestão e alcançou um enorme sucesso. Como Zander conta: "A partir daquele momento, a violoncelista na 11ª cadeira passou a tocar de forma completamente diferente". Na palestra, Zander relata que a violoncelista lhe revelou ter passado a se sentir como uma líder, mesmo atuando na base da hierarquia organizacional da orquestra. Eu adoro essa história porque a violoncelista não só elevou seu desempenho a novos patamares, como a orquestra toda pôde tocar melhor. Esse tipo de harmonia é a meta do Grande Potencial. Para isso, é preciso empoderar as pessoas para liderar, independentemente do lugar onde estejam sentadas.

Todos nós podemos atingir essa harmonia na nossa vida pessoal e profissional se conseguirmos expandir a definição limitada de liderança que ainda prevalece na maioria das empresas, escolas e organizações. No relatório Tendências Globais de Capital Humano, conduzido pela empresa de consultoria Deloitte em 2014, constatou-se que a demanda por "líderes em todos os níveis" era um dos maiores problemas das empresas,[3] sendo que 86% dos entrevistados consideraram a questão "urgente" ou "importante". Em um artigo, líderes da Deloitte escreveram que cultivar a liderança em todos os níveis "continua sendo a principal questão de recursos humanos enfrentada por organizações ao redor do mundo".[4] O problema é que só 13% dos entrevistados disseram que sua empresa faz um bom trabalho desenvolvendo líderes em todos os níveis, o que revela uma enorme lacuna e pode ser o prenúncio de um futuro sombrio se as pessoas, independentemente de posição, cargo ou idade, não aprenderem a liderar.

A antiga definição de potencial (ou seja, o Pequeno Potencial) baseia-se no mito de que, a menos que ocupe uma posição formal de autoridade ou poder, você não tem como mudar as pessoas nem a cultura. Embora essa crença seja amplamente endossada por empresas e instituições de ensino (tanto que, em 2016, uma capa da *Harvard Business Review* chegou a declarar que "não dá para consertar a cultura"), a verdade é que esse tipo de mudança é possível.[5]

Mas antes é preciso **reconhecer que você pode criar a mudança em qualquer posição**. Se for um violoncelista na 11ª cadeira, você tem o poder de dar ao maestro sugestões que elevarão o desempenho da orquestra toda. Se for um aluno, tem o poder de melhorar (ou piorar) o humor da classe toda. Se for um gerente de nível médio, tem o poder de mudar a maneira como os seus subordinados tratam os filhos depois do trabalho, criando uma cultura de apoio e não de pressão. Se for um estagiário ou um assistente, tem o poder de ajudar seu chefe a ter uma reunião mais produtiva com o cliente mandando a todos um e-mail com a documentação necessária um dia antes. Na Kaiser Permanente, os atendentes têm o poder de salvar as pacientes de um câncer fatal simplesmente perguntando se elas não gostariam de marcar uma mamografia. Acreditar que a posição que ocupa não tem influência sobre o poder de fazer a diferença é o primeiro passo para elevar o teto do seu potencial.

Estratégia 2: desenvolva seu poder de persuasão (estimule o desejo de liderar)

Em 1998, a Corporation for National and Community Service (CNCS), órgão do governo dos Estados Unidos que administra a AmeriCorps, agência que reúne diversos programas de voluntariado e outras iniciativas sociais, viu uma grande oportunidade de expandir seu impacto. Eles precisavam encontrar uma maneira de envolver os jovens no voluntariado comunitário. Minha irmã, Amy Blankson, estava no ensino médio na época e era muito apaixonada pelo movimento. Quando ficou sabendo de uma conferência de liderança com esse tema, tentou se inscrever. Para sua surpresa, recebeu uma mensagem dizendo que a conferência só aceitava inscrições de adultos. Sério mesmo? Em vez de se desanimar com a rejeição, Amy mandou uma carta ao conselho da CNCS com uma proposta fervorosa para convencê-los de que, se eles quisessem a participação dos jovens nos programas de voluntariado, precisariam dar a vez para os jovens liderarem. O conselho ficou horrorizado quando soube que uma jovem tinha sido impedida de participar de uma conferência sobre o voluntariado juvenil e rapidamente reverteu a decisão. Naquele ano, Amy tornou-se a primeira representante dos jovens no conselho da CNCS. E naquele mesmo ano, em um encontro da juventude no Texas que ela organizou, estudantes do ensino médio fizeram 120 mil horas de trabalho voluntário em instituições de caridade e organizações sem fins lucrativos locais.

Da mesma forma que não precisa ocupar uma posição de liderança oficial para liderar, você também não precisa ocupar um cargo de liderança oficial para empoderar e inspirar *os outros* a fazer o mesmo. Afinal, se uma aluna entusiasmada do ensino médio consegue estimular centenas de outros jovens a liderar a mudança em suas comunidades por meio do trabalho voluntário, por que não podemos estender o poder de liderar em nossa própria comunidade e empresa?

Para isso, precisamos **desenvolver o poder de persuasão**. É como um argumento de vendas de um minuto, do tipo que se usa para convencer desconhecidos no elevador, só que, em vez de tentar vender alguma coisa, você tenta recrutar rapidamente aliados para atuar como agentes de mudança. A vantagem é que esse recurso não só motiva as pessoas a liderar em qualquer posição como **também pode ser realizado por qualquer um**. O problema é a dificuldade em convencer as pessoas a *querer* mudar, não importa qual seja a nossa posição. Afinal, os seres humanos se pautam pelos hábitos e podem resistir a ideias novas e diferentes. É por isso que não é recomendável improvisar durante a persuasão, e sim decidir a melhor estratégia com tempo. Quando a liderança sênior da Kaiser, por exemplo, precisou convencer os recepcionistas a acreditar no próprio potencial e passar a se ver como prestadores de serviços médicos, os líderes levaram semanas para elaborar o método de persuasão antes de apresentá-la à empresa.

A ideia é começar pelos interesses e preocupações das pessoas que você deseja recrutar. Por exemplo, se estiver tentando inspirar um grupo de gerentes de vendas (que você sabe que têm interesse em aumentar sua renda e bater as metas) a adotar um estilo de liderança mais inclusivo, você pode apresentar um estudo e um exemplo mostrando como os resultados das vendas são diretamente afetados pela maneira como os gerentes se relacionam com seus funcionários e pelo tempo que eles passam orientando os vendedores menos experientes da equipe. Ou, se o seu objetivo for ajudar seu filho adolescente extrovertido a se animar para ir à faculdade, pode falar sobre os clubes e as atividades no campus e todos os eventos sociais (ou seja, as festas). A ideia é que, ao ajudar as pessoas a ver *as razões* pelas quais elas deveriam querer a mudança, você estará transformando a indiferença ou a inércia em potencial.

Minha mãe foi professora de inglês do ensino médio por mais de vinte anos. Ela costumava dizer que a falta de assumir o comando nas escolas públicas estava acabando com o potencial das pessoas. Diante de um problema ou da falta de recursos, em vez de tomar a iniciativa e fazer alguma coisa a respeito, a administração sempre culpava o governo. Se os alunos não estivessem conseguindo aprender, os professores culpavam os pais. E, se os alunos estivessem descontentes, os pais culpavam os professores. A apatia e as críticas se espalhavam como um vírus, e todos acabavam se sentindo cada vez mais impotentes. Os melhores líderes tentam encontrar soluções para os problemas em vez de perder tempo em uma caça às bruxas.

Já está mais do que claro que deixar de incentivar o engajamento e a liderança em todas as posições afeta diretamente os resultados do negócio. No relatório *State of the Global Workplace* de 2013, a consultoria Gallup descobriu que 63% dos funcionários ao redor do mundo se sentem destituídos de poder e desmotivados no trabalho e que outros 24% se dizem ativamente desmotivados. De acordo com o relatório, esses funcionários não só são ineficazes como contagiam os demais com sua negatividade e sua desmotivação.[6] Estima-se que o custo da desmotivação ativa, só nos Estados Unidos, chegue a mais de US$ 500 bilhões por ano, um valor difícil de ignorar.[7] Pode ser tentador simplesmente demitir os funcionários desanimados, mas essa não passaria de uma solução imediatista e temporária. O sucesso de uma organização requer conduzir as pessoas ativamente desmotivadas a uma direção mais positiva, e não para o olho da rua.

Em um estudo da Bain & Company, Michael Mankins e David Harding descobriram que o engajamento dos funcionários influenciava bastante nos resultados das empresas. Segundo eles, as empresas que "atraem, alocam e lideram os talentos com mais eficácia, beneficiando-se plenamente das competências e habilidades de seu pessoal", desfrutam de grandes ganhos de produtividade e margens operacionais entre 30% e 50% superiores à média do setor.[8] Graças à sua "liderança inspiradora e à cultura orientada à missão", essas empresas são capazes de "se beneficiar de uma parcela muito maior da energia de seus funcionários".

Alguns anos atrás, fui convidado para dar uma palestra na gigante dos seguros Allstate. Na ocasião, soube que o CEO da empresa estava usando o poder de persuasão para inspirar 35 mil funcionários (desde a alta administração até os estagiários) a aderir à extensa mudança cultural que ele estava promovendo na empresa. Uma maneira de mudar a cultura é contratar uma boa consultoria para se encarregar de todo o treinamento, uma brincadeira que normalmente custa milhões de dólares. Mas o CEO Tom Wilson sabia que forçar as pessoas a comparecer passivamente a sessões de treinamento corporativo não era a melhor maneira de ensinar o espírito de participação e o engajamento.

O que ele queria era mobilizar um exército de defensores da mudança positiva. Ele e sua equipe criaram a campanha Lidere em Todas as Posições e convidaram *funcionários* interessados a ensinar os colegas. O poder de persuasão utilizado foi: para aprender habilidades para liderar e subir na hierarquia, é preciso vestir o manto da liderança, não importa qual função se ocupe na empresa. Ao final da campanha, 280 instrutores voluntários de todos os níveis se ofereceram para aprender o básico com os instrutores profissionais da Allstate e receberam carta branca para dar seu toque pessoal e conduzir as sessões de treinamento.

O resultado foi uma incrível demonstração de criatividade e iniciativa. Os treinadores voluntários criaram cartões de memorização, jogos de tabuleiro e bichinhos de pelúcia para manter as pessoas interessadas. E o fato de os voluntários fazerem parte de diversos níveis da organização ajudou a romper as barreiras da hierarquia corporativa. Era motivador para os treinadores ter a chance de ensinar o chefe do chefe de seu chefe em seus treinamentos.

O entusiasmo dos voluntários foi contagiante, inspirando os colegas não só a atingir os objetivos do treinamento, mas também a continuar aprendendo e promovendo as mudanças. Segundo um voluntário: "Recebi responsabilidades e oportunidades de liderança muito além do que se esperaria de um cargo de início de carreira. No meu primeiro ano na empresa, fui responsável por planejar eventos para milhares de pessoas com a finalidade de arrecadar fundos para a iniciativa de combate à violência doméstica da Allstate. Atualmente sou responsável por entrevistar e contratar a primeira turma do meu próprio programa de treinamento!".[9] Seria difícil encontrar um exemplo mais perfeito de liderar em qualquer posição.[10]

Quando fui dar uma palestra na Allstate, no evento de lançamento e celebração dessa iniciativa da empresa, duas coisas me impressionaram. Para começar, ao flexibilizar as fronteiras dos diferentes níveis da hierarquia organizacional, a empresa se beneficiou de um incrível intercâmbio de ideias e relacionamentos (pilares, pontes e extensores) para ajudar a unificar a cultura e acelerar a expansão do poder na organização. Em segundo lugar, convidar pessoas de diversas funções a liderar teve um grande e duradouro impacto positivo. Os 280 defensores da mudança positiva não voltaram a ser meras engrenagens no mecanismo, como acontece muito em outras empresas. Eles continuaram engajados e motivados, elevando constantemente o teto de seu potencial de liderança. E a chance de ensinar o chefe do chefe de seu chefe os mantém motivados e sempre em alerta, já que isso aumenta suas chances de receber uma promoção e, ao mesmo tempo, abre mais oportunidades de se encontrar e promover talentos que teriam passado despercebidos antes.

Um dos maiores defensores da promoção de uma liderança mais inclusiva para fomentar mudanças organizacionais é o UnitedHealth Group, que atua na área da saúde, especialmente por meio do trabalho encabeçado por Dave Sparkman, vice-presidente sênior de cultura, e sua equipe. Em vez de encarar sozinho o monumental desafio de mudar a cultura na empresa de mais de 230 mil funcionários, Dave elaborou uma forma de persuasão convidando as pessoas interessadas em atuar como "embaixadores da cultura". Considerando que, para se tornar um embaixador, o funcionário precisava fazer um treinamento adicional e assumir mais responsabilidades (tudo sem aumento salarial). Um cético poderia achar que só um punhado de gatos pingados aceitaria o convite, mas Dave já treinou nada menos que 10 mil embaixadores da cultura no UnitedHealth, e esse número não para de crescer. As pessoas *querem* se envolver na iniciativa porque terão a chance não só de melhorar a cultura empresarial mas também de se tornarem líderes melhores.

Quando conversei com Dave numa conferência em Phoenix, no Arizona, ele tinha acabado de viajar para a Ásia (quatro vezes), o Brasil e a Europa, tudo no último mês, para recrutar voluntários de mudança cultural. Aos poucos, sua pequena porém brilhante equipe de visionários continua ampliando o impacto ao redor do mundo, inspirando embaixadores de diversos países e falando muitas línguas para promover a transformação em vez de "esperar que o mundo mude".

Você também pode usar o poder de persuasão para convidar as pessoas a atuarem como agentes de mudança na sua vida pessoal. Quando estava deprimido, eu disse aos meus amigos que precisava da ajuda deles para melhorar o meu humor, e eles rapidamente se ofereceram para me dar o apoio necessário. Os pais também podem incentivar os filhos a participar mais, talvez pedindo a opinião deles nas decisões da família ou perguntando qual punição ou recompensa eles acham que merecem receber. Ou você pode "nomeá-los" para se encarregar de regar a horta que vocês plantaram juntos e cuidar dos animais de estimação, ou pode encarregar os irmãos mais velhos de ajudar a cuidar dos mais novos.

Certa noite, cheguei em casa exausto de uma viagem e simplesmente não tinha energia para passar uma hora preparando o meu filho para dormir. Em um lance de inspiração, perguntei ao Leo se ele não queria *me* aprontar para dormir. Empolgado com sua nova responsabilidade, ele se apressou para dar conta de todos os seus rituais noturnos: tudo aquilo que eu normalmente precisaria fazer para ele, como colocar seus caminhões sobre a cama, vestir o pijama e escovar os dentes. Feito isso, ele me cobriu com um cobertor, me deu um de seus caminhões para dormir e apagou a luz antes de correr todo orgulhoso para seu quarto e imediatamente cair no sono. Com uma boa persuasão, é possível ajudar até uma criança de 3 anos a ativar seu potencial de liderança.

Estratégia 3: use o progresso para progredir ainda mais (reforce a liderança)

Uma divisão da consultoria de US$ 17 bilhões Computer Science Corporation passava por um momento muito difícil. De acordo com um estudo de caso elaborado por Vlatka Hlupic, uma professora da Faculdade de Administração da Universidade de Westminster, o crescimento e a rentabilidade da empresa estavam paralisados e seus consultores não tinham trabalho suficiente. A receita estava em queda, mas os custos com pessoal continuavam altos, o que só piorava o problema.

As pessoas que já trabalharam em uma grande empresa sabem como as grandes corporações costumam reagir a esse tipo de situação. Os líderes seniores tomam as rédeas e começam a impor soluções, que, como é de esperar, incluem demissões, cortes de verba cruéis e desmotivadores, exigências de aumento de eficiência e funcionários forçados a trabalhar mais por menos. E foi isso que aconteceu. No entanto, a situação piorou ainda mais quando os líderes da divisão decidiram centralizar o controle, exigindo um processo formal de aprovação para todos os projetos de consultoria. Na descrição de Vlatka:

> A medida levou a uma queda de desempenho, afetando negativamente a motivação. A empresa começou a perder bons funcionários, difíceis de substituir. Os custos de substituir e treinar os novos empregados se somaram aos custos existentes e diluíram o lucro operacional. As mudanças desaceleraram o processo decisório, levaram a empresa a evitar riscos e destruíram o espírito empreendedor.[11]

Percebendo que esse modelo de "comando e controle" não estava levando a lugar nenhum, os líderes da divisão decidiram tirar o poder unicamente das mãos da alta administração e EXPANDI-LO por toda a organização. Empoderaram os consultores para se organizar em equipes, que foram encarregadas de equilibrar a busca do desempenho com os valores centrais de transparência, igualdade e colaboração. Energizados por seu novo poder de tomar decisões e pela confiança depositada neles pela empresa, funcionários de todos os níveis (tanto em termos de tempo de casa quanto de experiência profissional) logo se revelaram líderes de suas equipes. Os resultados foram impressionantes. No primeiro ano, a margem de lucro aumentou nada menos que 151%![12]

A história não termina por aqui. O simples fato de conhecer o progresso que fizeram motivou esses líderes a investir mais em suas equipes, responsabilizando-as por garantir o bom fluxo das comunicações e a alocação dos recursos e da orientação necessária para seus membros. No segundo ano, os lucros voltaram a subir, dessa vez 238%. E o poder foi EXPANDIDO ainda mais pela empresa. Uma segunda divisão, inspirada por esses resultados quantificados, tentou replicar o sistema estelar criado pelos colegas concedendo mais poder e autonomia a suas equipes, e a margem de lucro aumentou ainda mais: 295%! Foi dessa forma que a empresa usou o progresso para reforçar o Grande Potencial.

Para sustentar a mudança, devemos recompensar e reforçar o empenho das pessoas que criaram as condições para isso acontecer. Pensando assim, é importante usar o progresso para motivar as pessoas a continuar liderando em qualquer posição. A Kaiser Permanente, por exemplo, mensurou o sucesso de seu programa e garantiu que toda a equipe soubesse exatamente quantas vidas tinham sido salvas. No Distrito Escolar da Comunidade de Cardinal, Joel garantiu que todos, dos guardas de trânsito ao pessoal do refeitório, fossem informados do enorme aumento no número de alunos que estavam conseguindo concluir o ensino médio. Quando as pessoas têm a chance de ver os frutos de suas ações, uma onda de *feedback* é criada e o progresso se transforma num catalisador de mudanças ainda maiores.

Não importa qual seja o cargo ou posição, todos podem usar o progresso para estender cada vez mais o potencial, seja com as equipes no trabalho ou com os filhos, em casa. Se seu filho estiver aprendendo a ler, por exemplo, você pode manter uma lista atualizada de todos os títulos lidos para que ele se lembre da satisfação que sentiu ao concluir cada leitura. Se a sua equipe decidir se encarregar de um projeto de voluntariado, você pode apresentar dados ou fotos na próxima reunião para lembrá-la dos efeitos de seu trabalho. Ou se o seu chefe lhe confiar um novo projeto ou cliente, você pode lhe mostrar como seu trabalho contribuiu para os lucros da empresa.

Não esqueça que o Grande Potencial é um Círculo Virtuoso. Quanto mais você estender o seu poder às pessoas ao seu redor, maior será o seu poder.

Estratégia 4: lidere em qualquer lugar (encontre o propósito em qualquer posição)

As pessoas costumam fazer o seguinte comentário quando falo de "liderar em qualquer posição": "Se no meu trabalho mal me oferecem um caminho para a liderança, imagine um caminho para atingir o Grande Potencial". Conversei com colaboradores de mais de cinquenta países sobre o que os motiva a expandir seu potencial; ouvi muita gente dizer que seria muito mais motivada e muito mais propensa a tomar a iniciativa para promover a mudança se tivesse o trabalho perfeito, um chefe que lhe desse apoio, o cargo dos sonhos e assim por diante. Acredito, contudo, que **é possível encontrar um caminho para liderar em praticamente qualquer cargo, função ou posição. Mas primeiro você precisa encontrar um propósito**.

A brilhante Amy Wrzesniewski, professora de comportamento organizacional da Faculdade de Administração da Universidade Yale, dedicou grande parte de suas pesquisas a investigar a expansão do propósito no trabalho. De acordo com seus estudos, as pessoas podem ver a profissão como um emprego, uma carreira ou uma missão. Um emprego não passa de uma atividade a ser suportada em troca de um salário. Uma carreira é um trabalho que oferece prestígio ou uma posição na sociedade. Uma missão é um trabalho que você considera parte integral da sua identidade e do sentido da sua vida, uma expressão de quem você é e uma fonte de gratificação e propósito. Uma missão é um caminho para o Grande Potencial.

Se lhe perguntassem quais trabalhos você considera os *mais difíceis* de serem vistos como uma missão, o que responderia? Quando as pessoas se veem diante dessa pergunta, as respostas mais comuns são "faxineiro de um asilo", "arrecadador de pedágio" e "lixeiro". As pessoas costumam achar que essas funções não dão a chance de acumular muito poder e apresentam pouco potencial de liderança. Mas as pesquisas de Wrzesniewski mostram que, quando respondem sobre o próprio trabalho como um emprego, uma carreira ou uma missão, as respostas não dependem da profissão. Wrzesniewski descobriu, por exemplo, que secretárias executivas, funcionários de hospitais e até faxineiros de asilos tinham as mesmas chances de considerar seu trabalho como uma missão em comparação a pessoas que atuavam em outras funções. Ou seja, todos nós podemos ter um propósito no nosso trabalho, em qualquer posição.

Para ver isso na prática, na próxima vez que você for ao supermercado, preste atenção aos empacotadores. Muito provavelmente o que verá estará de acordo com a "regra do um terço" descrita por Wrzesniewski: um terço dos empacotadores parecerá entediado e apático, um terço parecerá eficiente, mas sem inspiração, e um terço será alegre, cheio de energia e amigável com os clientes. O mesmo trabalho, três reações diferentes. Eu arriscaria dizer que até os empacotadores felizes não pretendem passar o resto da vida nessa função e não acreditam que realizaram seus sonhos profissionais ou que estão aplicando todos os seus talentos ali. No entanto, eles têm a capacidade de encontrar pequenas maneiras de criar um propósito no trabalho, seja alegrando o dia de um cliente com uma piada ou um elogio, facilitando a tarefa do caixa, dando um jeito de acelerar a fila ou ajudando a preservar o ambiente ao incentivar os clientes a usar sacolas de pano e evitar as plásticas. Essas pessoas comprovam que **tanto a liderança quanto o propósito são uma escolha**.

O Grande Potencial deve começar por você. E cabe a você encontrar o propósito de seu trabalho. Você ajuda a melhorar a vida das pessoas com o que faz, mesmo se for só um pouquinho? Consegue se relacionar profundamente com os outros? Tem a chance de alegrar o dia de alguém com as suas interações? Está ajudando a melhorar o mundo, mesmo sem fazer uma revolução? Recomendo investigar as respostas a essas questões não só individualmente, mas também com a sua equipe e com a sua família. Em *O jeito Harvard de ser feliz*, descrevi uma pesquisa que constatou que escrever por apenas dois minutos todos os dias em um diário sobre uma experiência expressiva no trabalho ajuda o seu cérebro não só a identificar esses momentos como também a encontrar maneiras de incluir mais desses momentos na sua rotina diária.

Para se aprofundar mais, responda à seguinte pergunta: você tem a chance de usar os seus talentos no trabalho? Sua criatividade, sua inteligência emocional, sua facilidade com números? Encontre um jeito de usar pelo menos um dos seus talentos todos os dias. É mais fácil ver o seu trabalho como uma missão se tiver a chance de aplicá-los.

Muitas pessoas não conseguem ver o trabalho atual como uma missão porque um dia gostariam de trabalhar em alguma outra coisa. Ficam tão ocupadas sonhando acordadas ou obcecadas por um emprego no futuro que deixam de ver todos os fatores que poderiam motivá-las no emprego atual. Não fique paralisado pensando no futuro. Não há nada de errado em ter objetivos ou ambições, mas, se ficar o tempo todo olhando o gramado do vizinho, nunca vai conseguir ver a beleza verdejante do seu próprio jardim.

Lembre-se que, como o sucesso e o potencial, o propósito não é um jogo de soma zero. **Ajudar os outros a ver sentido na vida pessoal e profissional deles não reduz, e sim expande, a sua capacidade de encontrar sentido na sua própria vida.** E esse sentido, esse propósito, é o que nos dá o poder de liderar.

Liderando em qualquer posição

A primeira presidente mulher da África foi Ellen Johnson Sirleaf, da Libéria, uma heroína cuja coragem lhe permitiu transcender os rótulos e as expectativas impostas às mulheres e a levou a liderar nos mais altos níveis do governo. Ela escreveu: "O tamanho dos seus sonhos deve sempre exceder a sua capacidade atual de concretizá-los. Se os sonhos não o assustarem, eles não são grandes o suficiente". E os grandes sonhos requerem a capacidade de expandir o nosso potencial além do que podemos realizar sozinhos. Assim, concluirei este capítulo com uma história para mostrar o tamanho da mudança possibilitada por grandes sonhos.

No primeiro dia da faculdade, conheci Ann S. Kim. Ao contrário de muitos alunos de Harvard que queriam o emprego mais bem pago possível, Ann queria fazer a maior diferença possível no mundo. Uma década depois, Ann estava trabalhando com o diretor da saúde pública dos Estados Unidos, tendo ideias para ajudar a criar um mundo mais saudável. Tudo o que ela faz se baseia na crença de que, se quisermos um mundo melhor, temos de EXPANDIR o poder, inclusive para as pessoas que parecem não ter nenhum poder na nossa sociedade: as crianças carentes.

Em 2016, o ex-diretor da saúde pública dos Estados Unidos Vivek Murthy disse: "Acho que, se quisermos criar um país mais saudável, precisamos empoderar mais pessoas para fazer mudanças na própria vida. Mas também precisamos empoderá-las para ajudar a mudar o ambiente".[13] Uma dieta mais nutritiva é uma mudança que pode trazer enormes benefícios para a saúde da sociedade, especialmente para as crianças que vivem na pobreza. Em parceria com o Distrito Escolar Unificado de San Francisco e a inovadora empresa de design IDEO, Ann se propôs a buscar maneiras de empoderar crianças carentes do ensino fundamental para liderar a mudança em direção a uma merenda escolar mais saudável.

Constatou-se que uma das maiores dificuldades de levar os alunos a terem uma dieta mais saudável não era a falta de opções saudáveis na merenda, mas o fato de eles não as escolherem. Os estudantes mais velhos odiavam as filas e o ambiente do refeitório, e a maioria preferia deixar de lado as opções saudáveis da cafeteria e sair da escola para comer algum lanche. Para as crianças menores, o refeitório era sinônimo de pressão social e *bullying*. Elas observavam e julgavam os colegas com base no que levavam de merenda, e, por isso, algumas preferiam ficar sem comer ou trocar opções não saudáveis por outras também não saudáveis só para não serem vistas na fila para comer uma refeição considerada não muito interessante.

Desconstruindo a experiência da merenda, Ann e seus parceiros da IDEO descobriram que era possível contornar muitos desses problemas permitindo que as crianças participassem ativamente de toda a experiência do refeitório. Em vez de esperarem com relutância na fila e assistirem passivamente aos funcionários lhes servirem a merenda do dia, os alunos recebiam funções rotativas como "atendentes", encarregados de levar a merenda aos colegas. Em vez de ser comprada individualmente, a comida era servida como se a criança estivesse em casa. Uma criança podia simplesmente dizer "Passe as ervilhas, por favor", em vez de passar fome ou se expor ao *bullying*. Aos poucos, os alunos começaram a assumir a liderança e sugerir alimentos dos quais gostavam. Ao verem alguns alunos escolhendo espinafre orgânico, outros também eram incentivados a pedir alimentos saudáveis. As crianças foram informadas dos componentes contidos nos alimentos e aprenderam sobre produtos orgânicos, gorduras boas e glúten, o que as levou a serem modelos para a família, perguntando, por exemplo, se as bolachas eram feitas com gorduras saudáveis. Com isso, elas se tornaram participantes do processo em vez de serem meras vítimas.

Nenhuma mudança na merenda ou no refeitório escolar vai conseguir resolver sozinha todos os problemas de saúde ou pobreza. Mas o projeto foi um bom começo e deu início a um Círculo Virtuoso. Os administradores da escola pouparam dinheiro porque menos comida era desperdiçada, a escola pôde se orgulhar do sucesso de um programa tão inovador e a comunidade ficou mais segura, com menos adolescentes acelerando com seus carros pelas ruas para encontrar uma lanchonete. Sem contar que a melhoria na dieta dos alunos resultou diretamente em menos doenças, notas mais altas e menos casos de *bullying*. E tudo começou empoderando-os a liderar em qualquer posição.

Quando temos a coragem de expandir o poder aos outros, vemos que um grande peso é retirado dos nossos ombros, o que aumenta nosso poder de carregar ainda mais peso. Esse é o Círculo Virtuoso que estamos procurando. *Todos nós* podemos inspirar as pessoas a sonhar mais, aprender mais, fazer mais e ser mais, não importa a posição que ocupemos.

5

Expanda os seus recursos
Crie um Prisma de Elogios e reconhecimento

Sarah lembrou-se das palavras de seu mentor ao entrar na sala de reunião: "É você ou ela". Ao sentar-se para uma tarde de conversa com os sócios de seu escritório de advocacia, Sarah sabia que, se quisesse ser escolhida para ser sócia da empresa, precisaria provar ser melhor que sua concorrente.

A concorrência para ser nomeado sócio era implacável, especialmente naquele ano. Duas candidatas destacavam-se, mas só havia uma vaga para promoção. Ambas estavam trabalhando na mesma grande aquisição, e as duas tinham ganhado uma fortuna para a empresa.

Na primeira entrevista, Sarah seguiu o conselho de seu mentor e se "vendeu" a um dos sócios. Detalhou meticulosamente todas as suas realizações individuais. Gabou-se diplomaticamente de sua capacidade de identificar oportunidades que outros não conseguiam enxergar. E mesmo assim saiu da reunião achando que tinha alguma coisa errada.

Então, na segunda entrevista, dessa vez com um sócio sênior, algo mudou. Quando este a cumprimentou por seu sucesso na aquisição, em vez de repetir o mesmo discurso da última entrevista, ela respondeu: "Obrigada. Foi uma das conquistas que me dão mais orgulho, mas também devo muito à equipe que vocês alocaram para trabalhar comigo no projeto. Tim, aquele novo advogado que vocês contrataram, passou três noites em claro para me ajudar a terminar. E Karen [a outra candidata para a promoção] também trabalhou muito. Ela é uma das melhores advogadas com quem já trabalhei".

Depois admitiu que na hora teve medo de ter perdido a chance de mostrar que era melhor. Jamais elogie a concorrência, certo? Mas, ao mesmo tempo, reconhecer as contribuições dos colegas lhe pareceu mais certo. E foi o que ela decidiu fazer nas demais entrevistas.

Um mês depois, Sarah foi chamada para a sala do sócio principal, que lhe informou que ela seria promovida. Ele disse que foi por pouco e que a decisão foi tomada por uma única diferença entre as duas candidatas. Enquanto Karen usou a aquisição como prova de que só ela merecia ser promovida, Sarah a usou para elogiar a outra candidata, o advogado mais jovem e os sócios pelas boas contratações. E foi essa atitude que a diferenciou da outra candidata. O sócio principal disse: "Você conseguiu a promoção não só porque é boa no que faz, mas porque é boa para a empresa".

Alguns tratam os elogios como se fossem um recurso limitado. Acreditam que, para avançar e ter sucesso, precisam absorver e acumular o máximo possível de reconhecimento, admiração e elogios. Aprendemos a pensar assim na escola e aperfeiçoamos essa eficiência brutal no mundo do trabalho. Quando acreditamos equivocadamente que o sucesso e o reconhecimento são um jogo de soma zero, acumulamos reconhecimentos em vez de reconhecer os outros, ficamos famintos por elogios e acabamos nos transformando em **"mendigos de elogios"**.

Precisamos reconhecer que **os elogios são um recurso renovável**. Criam um Círculo Virtuoso, e, quanto mais elogiamos, mais expandimos nosso estoque. Um bom elogio prepara o cérebro para um desempenho superior, o que significa que, quanto mais elogiamos, mais sucesso criamos. E, quanto maior for o número de sucessos, mais razões teremos para elogiar.

Em vez de mendigos de elogios, precisamos nos transformar em Prismas de Elogios. Na física, prisma é um objeto com várias superfícies reflexivas. Quando a luz atinge um prisma, diferentes comprimentos de onda são refratados em diversos ângulos, criando um efeito de arco-íris quando a luz emerge. Em outras palavras, os prismas não se limitam a absorver ou desviar a luz. Ao brilharem sobre os outros, eles intensificam e embelezam os raios. Sarah foi um verdadeiro prisma de elogios: ao lançar a luz do elogio sobre os outros em vez de absorvê-la ou reduzir seu brilho, ela não só "embelezou" os colegas como expandiu sua própria posição.

As pesquisas que tenho conduzido nos últimos cinco anos mostram que, quanto mais elogios sinceros você espalhar no seu ecossistema, mais o seu potencial, tanto individual quanto coletivo, aumenta. Como dito em *O jeito Harvard de ser feliz*, quando você melhora o humor de alguém, está melhorando a motivação e o desempenho da pessoa.[1] Neste capítulo, você conhecerá pesquisas que comprovam como engrandecer as pessoas ao seu redor pode melhorar o desempenho e a motivação *coletiva* de todo o ecossistema, criando, desse modo, um terreno fértil para o crescimento do potencial.

Quanto mais elogios fizer, mais elogios merecerá e receberá. Quando os elogios são abundantes, os mendigos de elogios se transformam em elogiadores. Afinal, para que refrear os comentários positivos se você não corre o risco de eles lhe serem negados? Nessa mesma lógica, quanto mais elogios refrear, menos receberá e menos merecerá. Pense a respeito: o que aconteceria se você se apropriasse de todos os créditos pelo sucesso de um projeto e a sua equipe ficasse sabendo? Na melhor das hipóteses, ficaria conhecido por não saber trabalhar em equipe. Na pior, seus colegas e seu chefe não iriam mais querer trabalhar com você. Ou imagine que decida refrear os elogios em um relacionamento romântico. Seu parceiro provavelmente começaria a conter não só os elogios como também outras coisas que você provavelmente valoriza, o que pode levar a um relacionamento infeliz. Como o poeta persa Rumi escreveu nos idos do século XIII: "A sua depressão está ligada à sua... hesitação em elogiar".

Não sou o primeiro a alardear os benefícios de elogiar. E apostaria que a maioria dos leitores deste livro conhece bem o valor do elogio, independentemente de serem líderes ou pais. O problema na maioria das nossas empresas, escolas e relacionamentos é que, além de não elogiarmos o suficiente, não sabemos fazê-lo direito. Poderia até dizer que o nosso modelo atual de elogio acaba desmotivando a grande maioria das equipes, intensificando os conflitos nas famílias e impondo um limite ao potencial.

No centro do problema estão a maneira como lidamos com os elogios e o reconhecimento na nossa própria vida. Nossa primeira reação a um elogio costuma ser negá-lo, seja por timidez ou humildade ("Eu só tive muita sorte"), ou absorvê-lo, com base na crença equivocada de que os elogios são um recurso escasso. Nos dois casos, o elogio é sufocado e a luz se extingue antes de ter a chance de brilhar. Precisamos encontrar uma maneira de pegar a luz do elogio e refratá-la aos outros.

Ao negarmos a luz do elogio, nós acabamos por extingui-la. Ao refletir a luz aos outros, nós a multiplicamos.

Se quisermos realmente engajar, motivar e inspirar, seja como líderes ou pais, precisamos repensar os elogios. Costumamos cometer alguns erros que nos levam inadvertidamente a eliminar a luz dos elogios, e não é só o fato de elogiarmos os resultados em vez do processo, como Carol Dweck, professora de Stanford, escreveu no livro *Mindset: a nova psicologia do sucesso*. Para começar, tendemos a mostrar o que as pessoas estão fazendo de errado, mesmo quando a nossa intenção é salientar o que elas estão fazendo direito. Em segundo lugar, tendemos a elogiá-las comparando-as com outras, ou seja, enaltecer uma pessoa à custa de outra. Elogiamos os indivíduos de melhor desempenho, que normalmente já têm sua recompensa, em vez das ações coletivas da equipe, e esperamos que os elogios se disseminem de cima para baixo em vez de fluir livremente em todas as direções.

Neste capítulo, você aprenderá seis estratégias para expandir o poder dos elogios na sua empresa, sua comunidade e sua família:

ESTRATÉGIA 1: Pare de fazer elogios por comparação
ESTRATÉGIA 2: Destaque o certo
ESTRATÉGIA 3: Elogie a base
ESTRATÉGIA 4: Democratize os elogios
ESTRATÉGIA 5: Libere o poder dos 31 Ocultos
ESTRATÉGIA 6: Não se limite a elogiar o resultado; elogie *para atingir* um resultado

Estratégia 1: pare de fazer elogios por comparação

O pior elogio que costumo receber depois de uma palestra é: "Você foi o melhor palestrante de hoje". "Qual é o problema disso?", você pode estar se perguntando. Para começar, ele rebaixa todos os demais palestrantes. E se algum deles estivesse por perto? Além disso, o elogio me lembra do fato de que, em muitos casos, eu *não* vou ser o melhor palestrante, o que vai me deixar nervoso e constrangido. Em vez de me fortalecer, o comentário acabará me desequilibrando nas minhas próximas palestras.

Este é um exemplo dos erros mais comuns que vejo as pessoas cometerem ao elogiar: "O seu relatório ficou bem melhor que o do Jack", "Você é o mais inteligente da equipe" ou "Você foi o melhor jogador em campo". **O problema é que você está comparando, não elogiando.** Está tentando enaltecer a pessoa botando as outras para baixo! Um elogio melhor seria dizer "O seu relatório ficou fantástico" ou "As piadas que você incluiu na palestra foram perfeitas", sem precisar afirmar que o desempenho foi melhor que o de outro.

Quando se diz que alguém é "melhor" que outra pessoa, isso, por definição, significa que o outro é "pior". Além disso, ao dizer que alguém é "melhor" ou "o melhor", você está impondo um limite inconsciente e implícito às suas expectativas do que os outros podem atingir. Afinal, se nos limitarmos a tentar ser melhores que os outros, isso também não limita as nossas expectativas em relação ao nosso próprio potencial? Assim que o nosso desempenho for um pouquinho melhor que o dos outros, podemos parar de tentar, mesmo se estivermos longe de atingir o nosso pleno potencial.

Se quiser ajudar as pessoas a melhorar, evite comparações. Na verdade, essa foi a lição mais difícil do livro para mim, porque eu sempre achei que estava realmente elogiando, inclusive a minha esposa e o meu filho. Agora sei que, na verdade, eu estava cometendo um grande erro. Mesmo com as melhores intenções, se você disser empolgado a uma criança "Você foi o melhor de todos!", você só ensinou que o seu amor e a sua empolgação se baseiam na posição da criança em comparação com as demais. Nada prejudica mais o Grande Potencial que o elogio por comparação. Mas é muito fácil fazer isso sem querer.

Vivemos caindo nessa armadilha. "Você é a pessoa mais bonita/ inteligente/ engraçada do grupo." Por que precisamos rebaixar todas as outras pessoas do grupo para fazer um elogio? E se a pessoa fosse a outro grupo formado por pessoas mais bonitas ou inteligentes ou engraçadas? O que nos impede de simplesmente dizer "Você é bonito, inteligente ou engraçado"? O elogio por comparação baseia-se na mentalidade do Pequeno Potencial de que o sucesso (ou a liderança, a criatividade, a beleza, o amor ou qualquer outro atributo) é um recurso limitado, o que acaba reforçando a ideia do potencial como um jogo de soma zero. Quando você diz a um grupo que só uma determinada porcentagem deles pode ter sucesso, está reduzindo a motivação, a ambição e o potencial de todos.

O jeito mais fácil de parar de fazer elogios por comparação é simplesmente eliminar os elogios comparativos do nosso vocabulário, como "o melhor", "o mais rápido", "o mais inteligente", "o mais bonito". Essas expressões minimizam e rebaixam os outros em vez de dizer à pessoa que ela merece o elogio pelo próprio mérito. É mais interessante seguir o que considero uma lei inviolável para líderes e pais: **jamais elogie às custas dos outros**.

Qual é o melhor elogio que eu poderia receber depois de uma palestra? Não tem nada a ver com o meu estilo de oratória. O melhor elogio para mim é quando alguém me diz que decidiu adotar um dos hábitos positivos que expliquei ou que vai dar meu livro de presente a um amigo que está enfrentando algum tipo de dificuldade. A melhor maneira de reconhecer o valor de alguém é mudando nosso comportamento. **O melhor elogio é uma mudança de comportamento.**

Nossa cultura, e particularmente nosso sistema escolar, está repleta de uma forma sutil, porém perigosa, de elogios por comparação. Todos os anos, na maioria das melhores universidades, diversos professores adotam uma abordagem pouco recomendada para combater a inflação de notas aplicando um rigoroso método para avaliar suas turmas com base na distribuição. O conceito da aplicação da distribuição de notas baseia-se na crença equivocada de que, se classificações de desempenho forem impostas, o desempenho vai melhorar. Mas, na verdade, isso fica muito longe de acontecer.

Em primeiro lugar, ao especificar que poucos alunos podem tirar a nota máxima, estamos basicamente dizendo que o sucesso acadêmico é um recurso limitado: exatamente o contrário do que estamos tentando atingir com o Grande Potencial. Em segundo, considerando que os alunos das melhores universidades foram os melhores de suas turmas do ensino médio, o que nos leva a presumir automaticamente que 30% deles seriam alunos medianos na faculdade? E, por fim, esse sistema dissuade os estudantes, que poderiam adorar aprender a matéria, de escolher essas disciplinas temendo reduzir suas médias.

Algumas pessoas argumentariam que esse tipo de concorrência é saudável. Ou que é necessário impor uma curva artificial de distribuição de notas para eliminar todos os alunos que não forem os melhores em cursos como medicina. Mas, considerando que vivemos em uma sociedade que sofre com a escassez de médicos, essa lógica não se sustenta. Na verdade, a eliminação dos estudantes ocorre em grande parte porque as universidades não têm professores de medicina em número suficiente. E, mesmo que não fosse o caso, o que justificaria eliminar estudantes no primeiro ano da faculdade, quando eles ainda estão aprendendo o caminho das pedras, sendo que muitos deles dariam excelentes médicos se tivessem a oportunidade de aprender? Estamos destruindo o potencial antes de dar oportunidade para o crescimento. Com esse sistema, em vez de obtermos um grupo de elite de médicos brilhantes, acabamos com alunos estressados, talvez até drogados, e, como se isso não bastasse, um número insuficiente de médicos para tratar desses estudantes. Eles acabam como as galinhas hipercompetitivas do Capítulo 2. Em vez de se tornarem superprodutores, todos acabam se bicando até a morte.

No trabalho, somos vítimas dos elogios por comparação na forma de avaliações de desempenho, especialmente aquelas que "classificam" os funcionários em algum tipo de escala numérica. Pode não parecer grande coisa, mas esse tipo de avaliação acaba tendo, na prática, o mesmo efeito que a curva de distribuição de notas. Quando os gestores acreditam, erroneamente, que apenas um número finito de funcionários pode ter desempenho espetacular, acabam desmotivando e gerando ressentimento entre todos os que recebem avaliações injustas.

Em um fascinante artigo publicado na *Harvard Business Review*, David Rock, do NeuroLeadership Institute, apresentou outras razões para eliminar as avaliações de desempenho, argumentando que os sistemas de classificação numérica utilizados por muitas empresas não levam em conta a maneira como o trabalho é feito hoje em dia. Ele argumenta que, mais do que nunca, diversas pessoas trabalham em múltiplas equipes, que podem estar espalhadas pelo mundo. "Poucos gestores conhecem com precisão o desempenho dos membros de sua equipe quando esses colaboradores participam de outras equipes, muitas vezes fazendo um trabalho que o gestor não vê ou não entende", escreve. "As avaliações de desempenho anuais simplesmente deixaram de ser relevantes para o modo como trabalhamos atualmente."[2]

Mas será que as pessoas não receberiam menos elogios e menos *feedback* construtivo se eliminássemos as avaliações de desempenho? Na verdade, o que acontece é o contrário. Das trinta empresas estudadas pelo NeuroLeadership Institute, os gestores deram *feedback* construtivo e elogiaram os colaboradores três a quatro vezes mais na *ausência* de avaliações de desempenho. Por sorte, algumas empresas inovadoras já estão adotando essa ideia. Passei um tempo trabalhando com a Adobe, no norte da Califórnia. Em 2011, a administração organizou um encontro de funcionários para falar sobre o que a empresa considerava a maior barreira ao engajamento e à felicidade no trabalho: o sistema numérico de classificação de desempenho dos funcionários, que lhes atribuía uma pontuação de 1 a 5. Decidiram eliminar esse método de avaliação quando perceberam que o sistema estava reduzindo a capacidade da empresa de atrair e reter bons talentos. Até a GE, que ficou famosa por ter lançado a classificação de funcionários e eliminar os 10% de desempenho inferior, abandonou esse sistema obsoleto.

Como Theodore Roosevelt disse: "A comparação é o grande ladrão da alegria". Se realmente quisermos ajudar as pessoas a melhorar, devemos evitar as comparações.

Estratégia 2: destaque o certo

No final de 2016, fechei um contrato com a empresa de cruzeiros Princess Cruise Lines para analisar como o engajamento, a positividade e a felicidade de seus funcionários afetavam a experiência de seus passageiros. A única maneira de fazer isso era embarcando em um cruzeiro. A semana da viagem coincidiu com o aniversário de 70 anos da minha mãe e com o aniversário de 40 anos de casamento dos meus pais. E, por isso, acabei levando 26 pessoas comigo para a minha "viagem de negócios".

Minha família mergulhou na tarefa de me ajudar a "pesquisar" a felicidade. Alguns parentes exploraram a felicidade degustando chocolates artesanais e as delícias dos bufês à vontade. Alguns dos mais ambiciosos decidiram aprender como a felicidade variava dependendo do país onde o navio estava atracado. Meu filho, então com 2 anos, por exemplo, concluiu (com base em suas rigorosas três horas de pesquisa todos os dias antes da soneca) que Belize era o melhor lugar porque definitivamente tinha "mais caminhões". Enquanto ele analisava os caminhões *per capita*, eu conversava com a tripulação para conhecer os fatores que contribuíam para seus níveis de engajamento e, consequentemente, para o nível de atendimento aos passageiros em férias.

No segundo dia do cruzeiro, a chefe da minha equipe de pesquisa (minha irmã) e eu nos aventuramos nas entranhas do navio para visitar os quartos da tripulação, o refeitório e as instalações dos funcionários. Em seguida, entrevistamos trinta membros da tripulação para falar sobre suas experiências no navio. Em cada entrevista, eu perguntava: "Pense nos melhores dias que você teve trabalhando em um cruzeiro. Por que acha que foram tão bons?".

Eu esperava que a maioria respondesse que seus melhores dias foram quando eles pisavam em terra firme para explorar florestas tropicais, quando ganhavam uma tarde livre para descansar à beira da piscina ou talvez quando a tripulação fazia uma festa. Contudo, para a minha surpresa, todos me disseram que os melhores dias foram marcados por um elogio gentil do chefe. Minha irmã e eu nos entreolhamos sem acreditar muito e aprofundamos nossa investigação. **Mas, quando o oitavo ou o nono funcionário nos disse que receber um elogio do chefe era a melhor parte de sua experiência no trabalho, percebemos que tínhamos nos deparado com algo importante.**

Pare um pouco para pensar a respeito. Aquela equipe, composta em grande parte de jovens de vinte e poucos anos, estava literalmente flutuando em um navio repleto de prazeres, conhecendo o mundo e visitando lugares exóticos. E, mesmo assim, as ocasiões em que se sentiram mais positivos e motivados não foram quando desembarcavam para explorar o mundo ou quando festejavam, mas quando recebiam um elogio do chefe destacando o que eles estavam fazendo certo.

E o mais importante: descobrimos que, quando se sentiam enaltecidos pelo reconhecimento, também eram mais propensos a retransmitir essa energia positiva aos passageiros, com interações mais amigáveis e prestativas, maior eficiência, melhor atendimento e fazendo mais do que o esperado para melhorar ainda mais as férias dos passageiros. Percebemos que uma das maneiras mais eficazes de melhorar a experiência dos passageiros era garantir que os gestores destacassem com sinceridade e frequência o que os funcionários estavam fazendo certo.

Como o poeta e dramaturgo do século XIX Oscar Wilde escreveu: "Quando os homens desistem de *dizer* o que é encantador, eles desistem de *pensar* no que é encantador" (destaque meu). É uma descrição perfeita da neurociência por trás do "destaque o certo", uma estratégia que Michelle e eu usamos no nosso programa na PBS, *Inspire Happiness*. O que dizemos e fazemos indica ao nosso cérebro em que se concentrar. Se você não explorar ativamente o ecossistema social em busca de coisas para elogiar, seu cérebro deixa de notar o que está sendo feito certo. Nessa mesma lógica, as coisas que escolhemos focar dizem ao nosso cérebro o que repetir. Como Oprah disse na minha entrevista para o *SuperSoul Sunday*: "Quanto mais você elogia e celebra a vida, mais coisas encontra para celebrar".

Da mesma forma como os elogios focam comportamentos positivos, as críticas focam comportamentos negativos. E, como o cérebro repete as coisas que focamos, o que nos levaria a destacar o errado e não o certo? É exatamente por isso que a maioria das avaliações de desempenho acaba, na verdade, reduzindo o desempenho. Muitos gestores salientam os pontos fracos ou as áreas que devem ser melhoradas primeiro, antes de destacar o positivo. Do ponto de vista da mente, isso diz ao funcionário que o gestor não se importa com seus pontos fortes, mas sim com seus pontos fracos, que ele não se importa com o progresso, mas sim com as deficiências. E o cérebro acaba acreditando que os comportamentos positivos não importam. E o que não importa não é repetido.

Isso não quer dizer que os gestores não devam dar um *feedback* sincero e não devam apontar as áreas para melhoria e crescimento. Temos de ser realistas sobre os pontos fracos ou as dificuldades a serem superadas. Mas também devemos reconhecer que aprimorar nossas deficiências e fraquezas, em vez de ignorá-las, requer recursos mentais, força e energia. E são os elogios que nos dão acesso a esses recursos. Os elogios nos dão a energia e a motivação necessárias para desenvolver e crescer.

Alguns gestores acreditam que o *feedback* neutro, que não inclui críticas nem elogios explícitos, é melhor do que um *feedback* abertamente crítico. Mas não é o caso. Deixar de fazer um elogio não só é uma oportunidade perdida de reforçar comportamentos positivos como, na ausência de elogios, o nosso cérebro vai direto ao negativo, levando-nos a *supor* que nosso trabalho está sendo criticado. Brent Furl, um dos jovens neurocientistas mais arrojados da atualidade, explica que, diante da crítica, da rejeição ou do medo, "nosso corpo produz níveis mais elevados de substâncias neuroquímicas que paralisam o centro racional do cérebro e ativam comportamentos de proteção. Ficamos mais reativos e sensíveis. E vemos mais crítica e negatividade do que realmente existe no mundo".

Lembre que o foco da nossa atenção diz ao cérebro o que repetir. Se quisermos incentivar a excelência, precisamos de uma prática diária para voltar a nossa atenção a exemplos de excelência. A melhor prática que eu conheço, e sugiro em todas as minhas palestras, é reservar dois minutos (no máximo) toda manhã para escrever e mandar uma mensagem de texto ou e-mail elogiando ou agradecendo alguma pessoa da sua vida. De todos os hábitos positivos que tenho, esse é o mais eficaz por vários motivos. Para começar, o exercício nos força a vasculhar nossos relacionamentos em busca de algo positivo para destacar, o que nos ajuda a ver mais fatores positivos, o que, por sua vez, nos dá mais fatores para destacar. Quando sugiro essa prática nas empresas, os gestores dizem que esse simples e-mail matinal os leva a procurar e encontrar mais coisas para reconhecer e elogiar em sua equipe durante todo o resto do dia.

Pare um pouco de ler e faça o teste. Envie uma mensagem para alguma pessoa de sua lista de contatos fazendo algum elogio ou agradecimento sincero. Escolha uma nova pessoa todos os dias (pode ser um amigo, um colega, um antigo professor, um professor do seu filho, uma tia, um médico). Quanto mais você elogiar, mais vai incorporar esse hábito.

Destacar o certo não só incentiva o comportamento positivo como alegra o dia das pessoas, o que, por sua vez, também alegra o seu. Melhor ainda, você verá que as pessoas em geral retribuem o elogio e se surpreenderá com o número de mensagens incríveis que vai receber ao longo do dia! Você acabou de expandir o mundo dessas pessoas, e, em troca, elas expandirão o seu. Você as incentivou a elogiar, transformando-as em elogiadoras e dando início a um Círculo Virtuoso.

Não importa se trabalhamos em um navio de cruzeiro, uma empresa, uma sala de aula ou qualquer outro lugar, se quisermos ajudar as pessoas a melhorar seu desempenho e aumentar seu potencial, precisamos ajudá-las a focar sua atenção no que elas estão fazendo certo. Como a luz refratada ao entrar em contato com um prisma, quando sabemos elogiar, esse elogio também volta para nós, só que ampliado. Mas, para isso, precisamos aprender a refletir a luz e direcionar a atenção à nossa "base".

Estratégia 3: elogie a base

Na última década, participei e dei palestras em mais de 500 conferências de vendas. Isso mesmo: 500. A essa altura, posso dizer que já vi de tudo. Na minha primeira conferência, subi meio sem jeito no palco e fui imediatamente engolido por uma nuvem de fumaça criada por máquinas de gelo seco apontadas diretamente para mim enquanto a música "Welcome to the Jungle" tocava no volume máximo. Depois desse alarde todo, dei uma palestra sobre as pesquisas voltadas a investigar a atenção plena (*mindfulness*) e como "cancelar o ruído" na nossa vida (sem brincadeira). Em outra conferência, o líder de vendas que me apresentou bateu com uma marreta numa parede de "vidro" que tinha sido montada no palco (na verdade, um painel de açúcar transparente) para demonstrar que eles estavam cheios de energia e prontos para "quebrar todas as barreiras de vendas". Depois que as duas primeiras marretadas não deram conta do recado, o terceiro golpe esmigalhou a parede, provocando gritos desesperados quando os estilhaços de açúcar voaram em direção às primeiras fileiras da plateia (que, naturalmente, acharam que estavam debaixo de uma chuva de estilhaços de vidro real). Em outra conferência, entrei no palco com um búfalo. Até hoje não entendi direito por quê. A questão é que, apesar de essas conferências de vendas parecerem repletas de surpresas, depois de 500 palestras aprendi que há uma constante.

Em algum momento da conferência, pode ter certeza de que você verá algum líder sênior, ou talvez até o CEO, fazendo exatamente o que eles aprenderam a fazer na faculdade de administração: distribuir elogios. Semanas antes, mandaram seus assistentes descobrir quem gerou a maior receita, fechou o maior número de negócios ou trouxe o maior número de clientes. E, na conferência, eles sempre convidam alguns desses vencedores a subir no palco. Citam suas conquistas e sucessos. Apertam a mão deles, tiram uma foto e, depois, os fazem voltar a seus lugares VIP. Enquanto isso, os outros 95% dos funcionários sentados na plateia estão mandando mensagens de texto ou checando o resultado do jogo no celular, se sentindo, na melhor das hipóteses, entediados ou apáticos e, na pior, desesperançados ou desdenhosos.

Esse tipo de elogio, um reconhecimento restrito aos colaboradores de maior desempenho, baseia-se na mentalidade do Pequeno Potencial. O elogio do Pequeno Potencial se restringe à pessoa que já está no topo, mas seu brilho se extingue lá mesmo. **O elogio do Grande Potencial ilumina o sistema de apoio que possibilitou o bom desempenho.** Esse sistema de apoio, seja ele composto de colegas, parentes ou amigos, é a sua "base", e, quando você elogia essa base, eleva todo o sistema que se apoia nela.

Sei que alguns leitores podem estar pensando que estou propondo distribuir troféus a todos os integrantes do time perdedor. Não estou. Dar troféus a todos não é um elogio sincero, e as pesquisas deixam claro que, se fizermos elogios insinceros, as pessoas deixam de confiar em nós.[3] O que estou dizendo é que, quando elogiamos uma vitória, também precisamos reconhecer as pessoas que a possibilitaram. *Não estou sugerindo* deixar de elogiar o pessoal de mais alto desempenho ou só elogiar o pessoal de baixo desempenho, mas que é preciso direcionar *mais* luz ao jogador que deu a assistência e não apenas ao jogador que marcou o gol da vitória, porque este último já recebeu suas recompensas na forma de aplausos da torcida e da emoção do gol. Na maioria das empresas, as pessoas de alto desempenho também já receberam suas recompensas com notas mais altas na avaliação, um salário melhor ou um cargo mais importante. Não podemos deixar de recompensar também as pessoas que fazem contribuições menos visíveis, mas não menos valiosas, para o sucesso da equipe. Se você direcionar a luz à base, a luz será refletida para cima e para fora, e o topo vai brilhar ainda mais.

Tendemos a gastar tanto tempo e energia focando as pessoas de alto desempenho que acabamos ignorando *o moral coletivo da equipe*. No artigo "Feeling Good Makes Us Stronger: How Team Resilience Mediates the Effect of Positive Emotions on Team Performance" ["Boas sensações nos fazem mais fortes: como a resiliência do grupo afeta o positivismo no desempenho da equipe"], pesquisadores da Espanha ampliaram a pesquisa de Barbara Fredrickson sobre as emoções individuais e investigaram o estado emocional coletivo da equipe.[4] Constataram que, mesmo na presença de uma ou duas pessoas positivas, se a equipe não for coletivamente resiliente, tanto os resultados do grupo quanto o desempenho *individual* acabam caindo. Recompensar apenas os colaboradores de melhor desempenho inevitavelmente gera ciúmes, inveja e uma concorrência negativa, e é a maneira mais rápida de destruir a resiliência, o moral e a confiança de um grupo.

Nick Saban, o técnico do time de futebol americano da Universidade do Alabama e um dos técnicos de maior sucesso da história do esporte, não elogia seus jogadores como a maioria dos técnicos. Saban em geral não se entusiasma com os jogadores individuais. Ele não distribui as bolas do jogo aos astros do time. Ele explica que destacar um jogador dessa maneira se opõe ao objetivo de elevar toda a equipe. Sabe que nenhum jogador vence o campeonato sozinho, assim como nenhum colaborador de alto desempenho atinge o sucesso sozinho, não importa em que área trabalhe. Ele acredita que **as vitórias coletivas devam receber elogios coletivos**.

Gary Pinkel, ex-técnico do time de futebol americano da Universidade do Missouri, diz sobre Saban: "É uma loucura o que ele conseguiu fazer. Foi quase um milagre. Ele tem os melhores jogadores e mesmo assim convence-os a adotar seu sistema e se engajar no time. Esse é o segredo. Todos jogam pelo time, não por si próprios ou por alguma outra pessoa, e acho que isso explica muito o desempenho espetacular deles".[5] Ao elogiar a base, Saban consegue expandir todo o sistema estelar e não só um astro individual.

Os militares também sabem elogiar. Quando participei do treinamento para me qualificar para a bolsa de estudos do Corpo de Treinamento de Oficiais da Reserva da Marinha, eles não destacavam os corredores mais rápidos ou os recrutas que marchavam melhor. Afinal, em uma situação de combate, mesmo se um soldado do pelotão conseguir correr muito rápido mas um colega ficar para trás, o grupo todo se verá com um problema nas mãos. Então, no treinamento, se uma pessoa não conseguir pular o muro, todo mundo precisa recomeçar. Se a equipe toda não chegar ao local especificado no horário marcado, todo mundo se ajuda. Se uma pessoa cair do barco inflável, o barco é virado para todos caírem. *Atingimos a vitória juntos ou fracassamos sozinhos.* Essa mentalidade ocupa o centro do Grande Potencial e precisamos desesperadamente adotá-la nas escolas e empresas.

Não é certo achar que uma realização, grande ou pequena, aconteceu no vácuo, sem a ajuda de ninguém. É por isso que, sempre que sou elogiado (posso receber um e-mail de um leitor contando que um dos meus livros mudou sua vida ou ser aplaudido de pé depois de uma palestra), divido isso com minha equipe: "Acabamos de receber um e-mail muito legal" ou "Recebemos um convite para dar uma palestra em uma grande conferência". Porque fomos nós todos que recebemos o elogio e nós todos fomos convidados para dar a palestra. Pode ser o meu nome estampado na capa do livro ou eu falando no palco, mas o empenho da minha equipe é uma parte de todos os livros que escrevo e todas as palestras que dou. O mesmo se aplica a você. Não é humildade, é a realidade.

Então, sempre que receber um elogio, pergunte-se quem o ajudou a chegar lá. A ideia não é minimizar a sua conquista, mas refratar o reconhecimento em vez de absorvê-lo ou desviá-lo. A ideia é dar destaque às pessoas que o ajudaram, seja a equipe de pesquisa que compilou os dados usados para fechar o negócio, o jogador que passou a bola no momento certo para fazer o gol ou o irmão que ajudou a estudar para a prova. Com isso, você EXPANDE a sua base, rendendo-lhe ainda mais elogios.

Quando adotar a prática de elogiar alguém por e-mail ou mensagem de texto toda manhã, tente se perguntar quem contribuiu para o sucesso dessa pessoa. Por exemplo, se mandar uma mensagem a um colega parabenizando-o pelos excelentes resultados de uma campanha de marketing, envie uma mensagem similar ao assistente que o ajudou a executar a campanha. Como Michael Jordan disse: "O talento vence jogos, mas o trabalho em equipe e a inteligência vencem campeonatos". Os nossos elogios devem ser estendidos ao pessoal de apoio e não se restringir aos astros.

Em vez de convidar apenas as pessoas de alto desempenho para subir ao palco, precisamos convidar todos que possibilitaram esse sucesso, seja um assistente, um funcionário da manutenção, um mentor ou qualquer outra pessoa. E, quando convidamos as pessoas de melhor desempenho ao palco, precisamos incentivá-las a agradecer à sua equipe. Em vez de dar mais atenção aos astros que já estão sob os holofotes, é mais interessante redirecionar a luz às estrelas que nem sempre têm a chance de brilhar.

Nas escolas e em família, quando uma criança tem sucesso, precisamos reconhecer a oportunidade de elevar as pessoas que a ajudaram a chegar lá. Por exemplo, podemos agradecer ao irmão caçula que passou frio na arquibancada e comemorou quando o irmão mais velho marcou um gol. Ou podemos mostrar que somos muito gratos à irmã mais velha que ajudou a ensinar o caçula a ler. Quando os nossos filhos se destacam em uma matéria na escola, podemos encorajá-los a agradecer aos professores pelo papel que eles desempenharam para que atingissem o sucesso.

Ao elogiar a base de uma equipe, é importante ser específico e sincero. Não basta dizer ao estagiário "Obrigado pela sua ajuda nesse projeto"; precisa lhe dizer exatamente como o trabalho dele contribuiu para o sucesso. Não basta simplesmente agradecer ao seu filho do meio por "ajudar o seu irmão mais novo"; precisa dizer exatamente qual foi a ajuda. Quanto mais específico você for, mais sincero será o elogio e mais chances as pessoas terão de refratá-lo.

Atualmente, as conquistas individuais são coisa do passado. Ninguém produz sozinho chips de computador de alto poder de processamento, inventa um medicamento ou descobre a cura para o câncer. No futuro, as descobertas mais importantes e os principais avanços serão realizados por sistemas estelares, não astros individuais. É importante manter isso em mente ao distribuir elogios e reconhecimento.

Estratégia 4: democratize os elogios

Em um artigo da *Harvard Business Review*, descrevi uma conversa com um líder de uma empresa da Fortune 100 que me disse: "Não precisamos de um programa de reconhecimento. Nós pagamos para as pessoas se engajarem". É um refrão que ouço com surpreendente frequência de líderes da velha guarda que se baseiam na premissa de que um bom salário leva necessariamente ao engajamento dos funcionários. Ironicamente, eu argumentaria que, na verdade, ele é que era pago para manter os funcionários engajados e que, se ele não elogiasse ou reconhecesse seu pessoal, não estaria fazendo seu trabalho direito.

Um bom líder elogia as pessoas que levam ao sucesso. Um *excelente* líder não se limita a elogiar, mas também transforma os outros em elogiadores.

Hoje em dia, com tanta gente se sentindo sobrecarregada e subestimada no trabalho, como você poderia transformar a passividade em elogios? Lembre-se de que, em um prisma, várias superfícies são necessárias para dobrar e refratar a luz. O mesmo se aplica aos elogios nas nossas organizações, escolas e empresas. Devemos criar uma cultura na qual todos, em qualquer função, possam acender a luz dos elogios em vez de esperar passivamente que alguém de cima acione o interruptor. Em outras palavras, precisamos democratizar os elogios. É como se fosse o cruzamento de dois caminhos para o Grande Potencial: precisamos EXPANDIR o nosso poder de APRIMORAR as pessoas. Precisamos estimulá-las a serem elogiadoras, não mendigos de elogios.

Duas novas pesquisas das quais participei estão abrindo caminho para uma série de soluções originais, beneficiando-se dos recursos da internet para democratizar os elogios. A ideia dos estudos nasceu em uma palestra que dei na conferência WorkHuman, em 2015, ao lado de Adam Grant, Arianna Huffington e Rob Lowe, que, apesar de serem especialistas de diferentes campos, estavam propondo basicamente a mesma coisa: encontrar soluções eficazes e escaláveis para criar uma força de trabalho positiva e comprometida.

Mais especificamente, eu queria achar uma maneira de usar a tecnologia para operacionalizar os elogios e o reconhecimento para melhorar os resultados das empresas. Comecei firmando uma parceria com a Globoforce, que criou uma ferramenta que possibilita aos funcionários reconhecer, elogiar e dar os créditos aos colegas por meio de uma rede social que engloba a empresa toda e permite que todos os funcionários da organização acessem e tomem como exemplo os sucessos uns dos outros em tempo real. Essa ação está começando a gerar frutos e pode servir de modelo para criar programas de melhor reconhecimento no trabalho.

Começamos testando a ferramenta na JetBlue Airways. Depois de ser reconhecida pela J. D. Power como a empresa de transporte aéreo de baixo custo com a maior satisfação dos clientes por onze anos consecutivos, a JetBlue recentemente sofreu uma queda do engajamento dos funcionários e passou a enfrentar dificuldade para escalar sua cultura positiva e orientada ao atendimento depois de um período de rápido crescimento. A empresa queria recuperar os índices de trabalho em equipe e a dedicação de outrora e sabia que, para tanto, precisaria se concentrar nos elogios.

A Globoforce criou para a JetBlue um programa de reconhecimento social em que qualquer "membro da tripulação" (como todos os funcionários são chamados) pode nomear um colega para ser reconhecido por um trabalho ou um desempenho exemplar. Esse reconhecimento é divulgado em um *feed* de notícias interno, no qual os colegas podem publicar mensagens de agradecimento ou cumprimentos. A pessoa que recebe o elogio também ganha "pontos", como os do cartão de crédito ou milhas de programas de fidelidade, os quais ela pode gastar como quiser – trocar imediatamente a recompensa por um vale para comer em um restaurante, por exemplo, ou acumular ainda mais pontos para trocar por um prêmio maior, como um pacote de férias ou um cruzeiro. A ideia é democratizar os elogios por toda a organização para que qualquer um, independentemente de cargo ou posição, possa ao mesmo tempo expandir o potencial de um colega e ter seu próprio potencial expandido por alguém.

Os resultados foram impressionantes, elevando a níveis consideravelmente altos o desempenho e o engajamento dos funcionários, além de reforçar a fidelidade do cliente. Especificamente, **para cada aumento de 10% no número de reconhecimentos, a JetBlue**

registrou um aumento de 3% na retenção e de 2% no engajamento dos funcionários, e uma avaliação externa conduzida pela Symantec constatou aumento de 14% no engajamento em geral. Considerando que a rotatividade de pessoal pode ser um dos problemas mais dispendiosos de uma empresa (os custos de substituir um funcionário podem variar de 20% a 150% de seu salário), uma variação de 3% na retenção pode representar dezenas de milhões de dólares, dependendo da escala da empresa. E, segundo dados da JetBlue, os membros da tripulação engajados tinham três vezes mais chances de encantar os clientes e duas vezes mais chances de serem elogiados por estes. Desse modo, democratizar o reconhecimento não é só uma questão de manter os funcionários felizes, mas também de melhorar a satisfação e a fidelidade do cliente.

Um sistema digital para fazer elogios não é frio e impessoal. É apenas uma plataforma que capacita as pessoas a atuar como prismas. Isso não só possibilita expandir o potencial de todos, como também, considerando que o reconhecimento é totalmente voluntário (e não imposto por alguma iniciativa de RH ou avaliação de desempenho), os elogios e agradecimentos acabam sendo mais autênticos e sinceros. Além disso, como o elogiado pode escolher a recompensa mais interessante, ele opta por um prêmio muito mais pessoal do que, digamos, um troféu genérico, produzido em massa. O programa também evita constrangimentos, como um vegano ganhando um jantar na churrascaria ou um funcionário surdo ganhando um iPod (duas histórias verídicas de tentativas de reconhecimento que não deram muito certo). Por fim, a divulgação dos reconhecimentos motiva não só a pessoa que recebe o elogio como também todas as outras da empresa que veem as conquistas sendo valorizadas e reconhecidas e acabam inspiradas com o programa. Como disse o poeta romano Cícero: "A gratidão não só é a maior das virtudes como é a mãe de todas as outras".

Acho importante esclarecer que não estou sugerindo substituir merecidos aumentos salariais por reconhecimento. Uma coisa não exclui a outra. Eu adoraria se todas as empresas pudessem dar aumentos de salário a seus funcionários por fazerem um excelente trabalho. Mas, como elas não contam com fundos ilimitados e muitas inevitavelmente enfrentarão períodos de vacas magras, sem dúvida é melhor recompensar as pessoas com reconhecimento e respeito do que deixar de recompensá-las. E, considerando que pesquisas demonstram que os elogios melhoram não só a satisfação dos funcionários como também os resultados financeiros da empresa, elogiar pode gerar fundos para garantir aumentos salariais.

Com efeito, uma pesquisa que conduzi com o LinkedIn em parceria com Christina Hall, Jimmy Nguyen e Libby Brendin revelou que o retorno sobre o investimento na forma de elogios pode ser ainda maior do que imaginamos. Para a nossa surpresa, constatamos que o valor monetário de um prêmio faz pouca diferença no engajamento e na rotatividade dos funcionários, ao contrário da *frequência* dos elogios. Na pesquisa, se uma pessoa recebeu três ou mais elogios em um trimestre, seu desempenho na avaliação individual aumentou consideravelmente. **Se a pessoa recebeu quatro ou mais elogios ou reconhecimentos em um trimestre, a taxa de retenção aumentou para 96% no ano seguinte.** Os funcionários recém-contratados apresentaram uma taxa de retenção de 80%. Se foram elogiados uma vez, nada aconteceu. Se foram elogiados duas vezes, a taxa de retenção não mudou muito. Mas, se receberam três ou quatro elogios, a taxa de retenção subiu para 94%. É um resultado impressionante. Considerando que o custo de substituir um funcionário pode chegar a US$ 40.000, se fizermos os cálculos, veremos que um único elogio pode valer nada menos que US$ 10.000! Lembre-se disso no trabalho e em casa. Não são os elogios isolados que contam, mas a nossa capacidade de distribuí-los.

Veja a constatação que achei ainda mais incrível: se a pessoa recebeu quatro ou mais elogios ao longo do ano, o número de elogios *que ela fez aos colegas dobrou.* Encontramos o número mágico: **as pessoas que foram elogiadas quatro ou mais vezes se transformaram**

em elogiadores. É assim que você pode criar um Círculo Virtuoso no qual os elogios poderão se multiplicar continuamente. Você pode até explorar um recurso importantíssimo para aumentar o seu próprio poder de expandir o potencial das pessoas: os 31 Ocultos.

Estratégia 5: libere o poder dos 31 Ocultos

Como já vimos, para criar um Círculo Virtuoso de elogios, é preciso encontrar uma maneira de transformar as pessoas em elogiadores. Para tanto, é preciso ativar uma célula dormente especial em uma pessoa positiva. Em pesquisa intersetorial que conduzi com minha esposa e pesquisadora em psicologia positiva, Michelle Gielan, em parceria com a revista *Training*, descobrimos que nada menos que 31% dos respondentes reportaram ser "positivos, mas sem expressar sua positividade no trabalho". Na pesquisa de sistemas positivos, chamamos essas pessoas de os 31 Ocultos e as consideramos fundamentais para propagar os efeitos dos elogios. Elas estão a um passo de se transformar em defensoras da positividade no trabalho. Já são otimistas, só precisam de um empurrãozinho.

Desde a publicação da pesquisa, muita gente nos perguntou quem tem mais poder de afetar o clima de um ecossistema: as pessoas positivas ou as negativas. A resposta é: nenhuma delas. As pessoas com mais poder são as que mais *expressam* sua mentalidade, seja ela positiva ou negativa. O problema é que a maioria dos sistemas tem um enorme grupo de pessoas (31%) que são engajadas e positivas mas que não expressam seu engajamento e positividade, e, assim, os mais negativos acabam definindo as regras sociais. A solução é encontrar um jeito de tirar esses 31 Ocultos das sombras.

É claro que, antes de poder transformar os 31 Ocultos em um exército de elogiadores, você terá de identificá-los. Isso pode ser feito de várias maneiras, desde levantamentos formais até conversas informais. Por exemplo, em um estudo, pode-se perguntar: "Em uma escala de 1 a 5, quanto você acha que exprime o seu otimismo no trabalho?", ou "Em uma escala de 1 a 5, quanto você se sente à vontade em elogiar o trabalho de uma pessoa da sua equipe?", ou "Quando está se sentindo otimista, quanto você acha que o seu chefe é receptivo e aberto?". As pessoas que relatam ser otimistas, mas sem expressar, são as mais fáceis de mudar. No entanto, muitas vezes gestores bem--intencionados se esforçam para converter a pessoa mais pessimista da equipe. Em vez de ir atrás dos maiores pessimistas, ativar a célula dormente de otimistas ocultos pode transformar a cultura de negativa ou neutra em positiva.

Não acho que seja tendencioso ou exagerado dizer que o livro da minha esposa, Michelle, é um dos dois livros mais importantes escritos nos últimos 2 mil anos. (Sim, eu percebi que acabei de fazer um elogio por comparação.) Sou um marido orgulhoso, e, em *Broadcasting Happiness*, ela descreve duas excelentes estratégias para ativar os 31 Ocultos. Para começar, intensifique o seu próprio "sinal" fazendo mais elogios. Quando passa a expressar mais a sua positividade nos elogios (sejam eles verbais ou um mero sorriso encorajador a um palestrante), você está mostrando como expressar os elogios enquanto também deixa a conversa com um tom mais positivo. (Só não deixe de ser um otimista racional e evite sair por aí distribuindo elogios sem pé nem cabeça.) Em segundo lugar, depois de identificar os 31 Ocultos, sugira maneiras para essas pessoas se expressarem sem correr muitos riscos, talvez encorajando-as a mandar um elogio por e-mail ou incentivando-as a dizer alguma coisa quando você estiver reconhecendo alguém pelo bom desempenho. (Por exemplo: "A apresentação do Tom foi fantástica, não foi?".) Desse modo, até os introvertidos poderão encontrar maneiras seguras de expressar positividade.

Acho que essa pesquisa é importante porque a melhor maneira de levar alguém a expressar o que está pensando ou sentindo é mostrar que não é o único que pensa ou se sente de determinada maneira. Se você é uma pessoa positiva mas acha que os seus colegas não são, lembre-se que 31% das pessoas no seu trabalho podem não aparentar, mas, na verdade, são engajadas ou positivas. Elas só não estão demonstrando. O que significa que há uma chance em três de a pessoa aparentemente neutra ou negativa na verdade ser uma otimista. E, quando mostrar que se sente seguro fazendo elogios e expressando sua positividade, você se surpreenderá ao ver que muitas pessoas se abrirão.

Estratégia 6: não se limite a elogiar o resultado; elogie *para atingir* um resultado

Todos os anos, nas vésperas do início das aulas na Harvard, calouros nervosos e empolgados se reúnem na feira anual de atividades, onde visitam as várias barracas que oferecem diferentes atividades realizadas no campus, sonhando com todos os clubes divertidos dos quais participarão, as sociedades exclusivas para as quais se candidatarão e os times esportivos nos quais tentarão entrar. O técnico Blocker fica a poucos metros da feira, de olho nos calouros. Os veteranos sabem que ele faz isso todos os anos. Mas nem todos os calouros sabem. E eu não fui exceção. Tudo o que sei foi que, a caminho da feira, passei por um homenzarrão de bochechas coradas que, de repente, entrou no meu caminho e me estendeu uma mão enorme enquanto dizia: "Olá, meu rapaz, você por acaso tem alguma experiência com remo? Você tem o tipo físico ideal para fazer muito sucesso no esporte".

Você pode achar que eu teria recebido com ceticismo um elogio como aquele. Eu devia pesar no máximo uns 70 quilos e acho que a maioria dos pássaros questionaria se os meus gambitos conseguiriam aguentar o peso deles. Mas, em vez de pensar que aquele homem podia sofrer de um raro problema de visão, foi como se o Oráculo tivesse passado os olhos pela multidão e apontado para mim, O Escolhido. Respondi que nunca tinha remado (na verdade, eu nunca havia entrado num barco, a menos que você considerasse uma casa flutuante no lago um barco). O técnico Blocker colocou sua mão no meu ombro e confidenciou: "Então, meu rapaz, eu mesmo vou ensiná-lo. Você só precisa ir hoje à minha reunião só para convidados no clube de remo às 8 da noite, pois montarei uma equipe de calouros remadores".

Nem consegui esperar a feira de atividades terminar para ligar para os meus pais e anunciar, todo orgulhoso, que eu tinha sido recrutado para a equipe de remo da Harvard. O que fez com que a parte seguinte da história fosse muito mais constrangedora. Quando cheguei ao clube no horário marcado, me deparei com mais de 100 calouros, todos candidatos a fazer parte da equipe. Era verdade que a reunião era só para convidados, mas o que Blocker tinha se esquecido de mencionar foi que ele tinha convidado basicamente todos os calouros do campus. Mais tarde me contaram que ele costuma fazer isso todos os anos.

Em um momento em que tudo o que jovens calouros impressionáveis queriam era um pouco de atenção e orientação, Blocker os fisgou com um elogio. Cem estudantes que podiam ou não ter o tipo físico certo para competir no remo se viram na reunião de apresentação escolhendo "estibordo ou bombordo" (mesmo sem fazer ideia da diferença). Como seria de esperar, muitos não sobreviveriam ao primeiro treino, e muitos outros não durariam até o fim da temporada. No entanto, a questão é que Blocker lhes deu *a oportunidade de tentar*. Às vezes, ele dá sorte e encontra um diamante bruto, um aluno que começa na equipe de calouros e acaba na mundialmente famosa equipe principal representando Harvard. E, mesmo quando não encontra atletas espetaculares, seus elogios, ainda que indiscriminados e lançados aos quatro ventos, ajudam os alunos a *acreditar* no próprio potencial, elevando o teto de suas possibilidades.

(Caso você esteja se perguntando, eu sobrevivi até maio, quando meu barco ficou preso debaixo de um ancoradouro e seis de nós, de uma equipe de oito, engolimos tanta água lamacenta que desistimos de competir. Mesmo assim, posso dizer que me orgulho de ter participado da equipe.)

Quando tentamos expandir o potencial das pessoas, tendemos a nos concentrar em sucessos ou resultados *do passado*. Mas os elogios também podem impulsionar os nossos sucessos e resultados *futuros* por nos fazer acreditar no potencial de progredir. Em outras palavras, precisamos elogiar não apenas as conquistas e o empenho do passado, mas também o comportamento futuro que desejamos incentivar.

Uma maneira de fazer isso é aprender com o técnico Blocker e atribuir às pessoas qualidades ou atributos que preveem algum potencial. Por exemplo: "Você seria um excelente líder porque se importa com a empresa" ou "Você ajudaria muito a equipe de remo por ser forte e atlético". Deixando a minha história de lado, esse tipo de elogio é muito mais eficaz quando é sincero; o que costuma acontecer é que as pessoas acabam incorporando "interesse pela empresa" ou "tipo físico atlético" à sua própria identidade, o que, por sua vez, reforça os atributos que as ajudarão a tornarem-se melhores líderes, conquistar um lugar na equipe de remo e assim por diante.

Quem já assistiu a uma palestra minha deve ter me visto brincar que as pessoas "já ouviram falar da minha cidade natal, Waco, mas pelas razões erradas". (Eu costumava presumir que muita gente associa Waco com o culto de David Koresh, da década de 1990, ou com o tiroteio entre gangues de motociclistas em 2015.) Mas o famoso reality show *Fixer Upper*, da HGTV, colocou a cidade de volta no mapa e, felizmente, com uma história positiva. Para quem não conhece, o programa acompanha um casal, Chip e Joanna, enquanto percorre Waco transformando casas malconservadas e decrépitas em belos lares. Quando perguntaram a Chip o que ele achava mais empolgante, ele respondeu: "Eu só gosto de pegar coisas a que ninguém dá valor e transformá-las em coisas valiosas".

Adorei essa mentalidade por reconhecer a beleza do potencial. Ao expandirmos o potencial das pessoas e ajudá-las a reconhecer seu próprio valor, podemos transformá-las em prismas de luz que melhoram todas as pessoas ao nosso redor. Esse tipo de poder é nada menos que o Grande Potencial na prática.

6

Defenda-se das influências negativas
Proteja o sistema contra os ataques

O contrário da tristeza

Sou filho de um neurocientista. E, como qualquer bom filho de neurocientista faria, o primeiro filme que mostrei ao meu filho foi *Divertida Mente*, da Pixar. A animação – que contou com a consultoria do neurocientista Dacher Keltner, da Universidade da Califórnia, Berkeley – dá vida, de um jeito divertido e sagaz, a cinco emoções (raiva, medo, nojo, tristeza e alegria) que lutam para controlar o cérebro de uma menina chamada Riley quando a garota é forçada a se afastar dos amigos ao se mudar para San Francisco. (Curiosamente, em uma palestra, Keltner disse que gostaria de incluir outros personagens, como Maravilhamento e Vergonha, mas a Pixar disse que cinco emoções já dariam muito pano para manga.) Ao mostrar o filme a Leo, minha intenção era ajudá-lo a entender por que ele sentia emoções diferentes e a dar nome a elas. E, como qualquer pesquisador de felicidade, eu estava especialmente animado para apresentá-lo à personagem Alegria.

Uma semana depois, Leo e eu estávamos no supermercado "visitando nossos amigos" na seção de brinquedos (o que significa que passamos um tempo lá, mas não levamos nenhum brinquedo para casa), quando vi uns personagens de pelúcia do *Divertida Mente*. Não me contive e gritei, empolgado: "Veja, Leo, a *Alegria*!". Seus olhos se arregalaram, um sorriso enorme se abriu em seu rosto, e, em êxtase, ele pegou a criatura de pelúcia ao lado da Alegria e exclamou: "A *Tristeza*!!!". "Ah, não... você deve estar de brincadeira", pensei. Voltei a apontar empolgado para a Alegria, enquanto ele me ignorava, satisfeito, abraçando a Tristeza com todas as forças. Notando o valor daquele momento, peguei outra Tristeza na prateleira, e um pesquisador de felicidade passou cinco minutos sentado de pernas cruzadas no chão do supermercado acalentando a Tristeza com o filho.

Esse simples momento reflete uma das lições mais importantes e profundas deste livro: ao contrário do que muitas pessoas acreditam, emoções como a tristeza, o medo e a raiva não bloqueiam o caminho para o Grande Potencial. Pelo contrário, elas são necessárias e úteis. Costumo dizer nas minhas palestras que o contrário da felicidade não é a infelicidade. Na verdade, a infelicidade pode até instigar uma enorme mudança positiva. A infelicidade me lembra de que estou me sentindo solitário e de que preciso entrar em contato com os meus amigos, me mostra quando estou fazendo alguma coisa que se opõe aos meus valores e me diz quando o meu trabalho não está alinhado com as minhas prioridades. O contrário da alegria não é tristeza; é a apatia, a perda de energia para continuar buscando atingir seus objetivos. Se você perder sua alegria, a busca do Grande Potencial perde o sentido e não passa de um exercício de futilidade.

Ansiamos por uma vida perfeita, no trabalho e em casa. É bem verdade que podemos ter mais alegria e sucesso quando tudo dá certo, quando ninguém discorda de nós e o trabalho é sempre divertido. E nos frustramos quando isso não acontece. O maior obstáculo para alguns leitores deste livro será confiar em sua capacidade de atingir o Grande Potencial quando o mundo parece estar recompensando as coisas erradas e até punindo as certas. John Mayer expressa essa frustração quando canta: "Now we see everything that's going wrong /

With the world and those who lead it / ... So we just keep on waiting (waiting) / Waiting on the world to change".*

Mas, se continuarmos esperando de braços cruzados, o mundo nunca irá mudar. **Podemos não ter o poder de controlar o mundo, mas temos o poder de DEFENDER o que há de bom nele.**

O lado animador é que não precisamos esperar um mundo perfeito para procurar atingir o Grande Potencial. Não precisamos nos desesperar se sentirmos medo, raiva ou tristeza. Na verdade, essas emoções são importantíssimas. Elas só se transformam em problemas quando *perdem o equilíbrio*, quando o nosso medo se transforma em paralisia, quando a nossa raiva se transforma em fúria, quando a nossa tristeza se transforma em desespero. O segredo é nos DEFENDER das forças que conspiram para nos empurrar abismo abaixo.

Como vimos no Capítulo 2, quando os lobos foram reintroduzidos no Parque Yellowstone, os castores não devem ter ficado muito felizes. Porém, a inclusão de um predador acabou *fortalecendo* o ecossistema como um todo. Da mesma forma como as vacinas defendem o nosso corpo da doença introduzindo um vírus no nosso sistema imunológico, a introdução de ameaças ao nosso ecossistema do potencial pode nos ajudar a nos imunizar contra elas. Os dois casos são exemplos de como a presença de forças aparentemente negativas pode fortalecer e melhorar a saúde do nosso sistema. Este capítulo explica como transformar os fatores negativos em fontes de força e resiliência para atingir seu potencial em um mundo, às vezes, desequilibrado.

Defenda-se da arte das trevas

Quando estava fazendo pós-graduação em Harvard, eu passava a maior parte do tempo em cafés escrevendo, pensando e conhecendo

---

* Agora vemos que está tudo errado / No mundo e com os nossos líderes / ...E ficamos esperando, esperando / Esperando o mundo mudar.

pessoas. Mas, quando queria mudar de ares, gostava de conhecer as diferentes bibliotecas do campus. Cada uma delas, como a biblioteca da Faculdade de Direito e a biblioteca da Faculdade de Design, não só tinha uma aparência diferente, como também uma atmosfera distinta. Comecei a notar que, sempre que eu estudava na biblioteca da Faculdade de Direito, saía frustrado, irritado e esgotado, sem nenhuma razão aparente. O que poderia estar drenando a minha energia e o meu foco na biblioteca de Direito e não em qualquer outra biblioteca de Harvard?

Encontrei a resposta em uma conversa com outra estudante de pós-graduação. Ela já estava havia um tempo em Harvard e conhecia todos os locais para estudar no campus. Essa estudante me disse que a Biblioteca Widener, onde a maioria dos alunos estudava, era "uma mistura agradável de otimismo da juventude e empenho nos estudos, com uma leve redução da inadequação" ou, em outras palavras, um bom lugar para encontrar a motivação a fim de recuperar o terreno perdido em projetos nos quais você está ficando para trás. Já a biblioteca da Faculdade de Teologia, ela descreveu como "um lugar austero, mas com profundos e ocultos toques de inspiração", ou seja, um bom lugar para escrever trabalhos sobre temas amplos. As bibliotecas "aveludadas e entulhadas" dos dormitórios da graduação eram boas, segundo ela, para mandar e-mails e namorar. A biblioteca da Faculdade de Direito, contudo, tinha "uma bela apresentação, mas com um tom ácido penetrante que deixa um gosto amargo na boca", que, na opinião dela, não ajudava em nada. Concordei. A biblioteca da Faculdade de Direito era uma das mais bonitas, mas, depois de algumas visitas, passei a evitá-la como o diabo foge da cruz. A explicação para isso nos leva de volta às pesquisas do Grande Potencial.

Quando falamos da importância de CERCAR-SE de boas influências, vimos como o nosso cérebro é programado para o contágio emocional e social e como a presença de uma única pessoa positiva em uma comunidade pode "contagiar" as demais. Pesquisas demonstram que também podemos ser contagiados por negatividade, estresse e apatia como se fôssemos fumantes passivos. Os pesquisadores Engert, Miller, Kirschbaum e Singer descobriram que o mero ato de observar uma pessoa estressada, especialmente um colega de trabalho ou um familiar, pode afetar imediatamente nosso sistema nervoso, chegando a aumentar em até 26% os níveis de cortisol, o hormônio do estresse. Mas o estresse passivo, também chamado de estresse de segunda mão, é quase tão intenso quando proveniente de um desconhecido; isso foi comprovado quando participantes da pesquisa observaram um evento estressante em um vídeo envolvendo desconhecidos; 24% tiveram uma reação ao estresse.[1] Além disso, os pesquisadores Friedman e Riggio, da Universidade da Califórnia, Riverside, descobriram que, se uma pessoa no seu campo visual estiver ansiosa e expressar essa ansiedade (verbalmente ou não), você tem grandes chances de ficar ansioso também.[2] Pesquisas mostraram que até *traders* no pregão da bolsa de valores separados por paredes de vidro podem perceber o pânico meramente observando sua linguagem corporal.

E, incrivelmente, você nem precisa ver ou ouvir a pessoa para perceber o estresse; também pode sentir o cheiro. Novas pesquisas mostram que o estresse produz hormônios específicos que são liberados quando transpiramos.[3] E o sistema olfativo humano não só é capaz de identificá-los, como também consegue detectar se esses hormônios resultaram de um nível de estresse baixo ou alto. Em suma, cercar-nos de pessoas negativas e estressadas nos modifica rapidamente de motivados e positivos a ansiosos e negativos.

Todo mundo sabe que uma das faculdades mais hipercompetitivas de uma universidade já hipercompetitiva, a Faculdade de Direito da Universidade Harvard, é uma verdadeira placa de Petri de negatividade, ansiedade, frustração e estresse. Em suas pesquisas, minha colega Liz Peterson descobriu que, apesar de os calouros entrarem na Faculdade de Direito com níveis médios de pessimismo e depressão, depois de quatro meses esses níveis triplicam em relação à média nacional.

Além disso, ao contrário dos alunos da Faculdade de Administração, que se encontram toda semana para eventos sociais, os alunos da Faculdade de Direito só participam de dois eventos por ano organizados pela instituição, levando a mais concorrência e menos conexão. É por isso que, mesmo sozinho na biblioteca, cercado de pilhas de dicionários de direito e livros de jurisprudência com elegantes capas de couro, você está vulnerável aos ataques visuais e olfativos à motivação e à produtividade. Se não nos DEFENDERMOS, o simples fato de estar no mesmo ambiente que pessoas que emanam competitividade e estresse pode reduzir o nosso potencial.

Quando falamos da importância de CERCAR-SE de influências positivas, vimos como, atualmente, estamos expostos aos outros praticamente o tempo todo. Passamos o dia vulneráveis ao estresse de nossos colegas de trabalho em escritórios sem divisórias. Passamos o dia absorvendo notícias deprimentes ou tensas e comentários maldosos ou negativos nas mídias sociais. Sentimos profundamente a linguagem corporal tensa e ansiosa das pessoas no metrô, no ônibus e no avião. Essas forças são inevitáveis na modernidade e é impossível fugir delas. É por isso que é muito importante não só encontrar influências positivas e cercar-se delas, como também DEFENDER-SE das inevitáveis influências negativas do seu ambiente.

Só que as influências negativas nunca foram tão numerosas. Os noticiários tendem a mostrar muito mais notícias negativas do que positivas.[4] Os fatores de estresse no trabalho e nas escolas atingiram níveis históricos. As taxas de depressão e ansiedade decolaram.[5] E, ainda por cima, basta um único fator negativo na nossa vida para desequilibrar todo o sistema. No livro *The Hidden Power of Social Networks*, Rob Cross e Andrew Parker descrevem pesquisas cujos resultados demonstram que "aproximadamente 90% da ansiedade no trabalho é gerada por 5% da rede social de um indivíduo, pessoas que drenam a nossa energia".[6] Pesquisas da Faculdade de Administração de Harvard mostram que uma única pessoa tóxica afeta muito mais uma equipe do que um astro.[7]

Estamos começando a descobrir que essas forças nocivas também podem ser ocultas, infiltrando-se no nosso ecossistema sem percebermos.

Considere este capítulo um curso de Defesa Contra as Artes das Trevas (eu sempre quis escrever isso). Como qualquer fã do Harry Potter sabe, seria muito bom poder contar com a magia para nos defender das forças do mal. Não vou ensinar nenhum feitiço aqui, mas apresentarei cinco estratégias para se defender, desarmar e derrotar as forças que ameaçam drenar a sua energia, criatividade, paixão e potencial:

ESTRATÉGIA 1: Construa um fosso
ESTRATÉGIA 2: Construa uma fortaleza mental
ESTRATÉGIA 3: Aprenda a arte do *aikido* mental
ESTRATÉGIA 4: Tire férias dos seus problemas
ESTRATÉGIA 5: Escolha as suas batalhas

Você perceberá que este é o capítulo mais curto do livro, porém é o mais denso em estratégias. Não estou sugerindo que tente aplicar todas elas. É melhor encontrar uma que consiga colocar em prática imediatamente no seu trabalho ou na sua casa e, se der certo, incluir outra estratégia. Construa racionalmente as suas defesas, uma de cada vez, e vá até o fim antes de passar para a próxima. Se você deixar um muro pela metade, nada impedirá que os invasores simplesmente o pulem.

Dito isso, passemos para a nossa primeira estratégia: criar um fosso ao redor de nosso dia para proteger nosso estado de espírito, nosso otimismo e nossa energia de ataques negativos.

Estratégia 1: construa um fosso

O monte Saint-Michel, na França, é um dos lugares mais lindos do mundo. Depois de me formar na faculdade, fui estudar francês em Paris. Não consegui aprender a língua, mas posso dizer que dominei a arte de comer. Em um fim de semana, visitei a ilha do monte Saint-Michel, cujas fortalezas serviram de inspiração para os castelos da animação *Enrolados*, da Disney, e do videogame *Dark Souls* (do qual, a propósito, sou um jogador excepcional). Durante a Guerra dos Cem Anos, um pequeno grupo de soldados franceses postados na ilha conseguiu impedir um ataque do exército inglês, muito mais forte. Não porque os franceses conheciam técnicas de combate mais eficazes, tinham um planejamento melhor ou mais sorte, mas sim porque o mosteiro e a cidadela estão construídos em uma "ilha de maré", ou seja, tirando o período da maré baixa, o lugar é cercado por um fosso natural. Não estamos falando de um fosso raso qualquer, ele pode chegar a 14 metros de profundidade! Todos os dias, com a maré alta, a água cobria a pequena passagem que dava acesso à ilha, impossibilitando os exércitos inimigos de se aproximarem do castelo. Por isso, os soldados franceses não precisavam passar o dia todo se defendendo e tinham a chance de se organizar e poupar energia para impedir os ataques durante a maré baixa. Um fosso de maré é a metáfora perfeita para o tipo de fosso que eu uso no meu dia a dia.

Atualmente, a tecnologia nos possibilita viver mais interconectados do que em qualquer outro momento da história da humanidade, e, mesmo assim, apesar da multiplicação dos nossos meios de comunicação, a nossa felicidade diminuiu. Isso acontece porque hoje temos um acesso ilimitado e instantâneo à negatividade. Temos, no nosso celular, literalmente na palma da nossa mão, aplicativos de notícias, e-mail, *feeds* do Twitter e páginas do Facebook que passamos o dia inteiro vendo. E muitas pessoas são viciadas nessa tecnologia. Imagine voltar apenas um século no tempo e tentar descrever o fenômeno às pessoas: "Vocês não vão acreditar, mas no futuro, onde quer que vocês estejam e a qualquer hora do dia, ficarão sabendo instantaneamente de uma tragédia que acabou de acontecer em qualquer lugar do mundo. Sem brincadeira! E encontramos um jeito de todas as pessoas do mundo poderem destruir o seu bom humor, a sua concentração e o seu otimismo só com o iPhone... Depois eu explico o que é um iPhone". Pela primeira vez, uma pessoa que você não conhece e nunca vai encontrar pessoalmente tem o poder de causar um dano imediato na sua vida.

Pesquisadores de psicologia positiva já sabem há algum tempo que ouvir ou ler notícias negativas pode ter um efeito imediato sobre o nosso nível de estresse, mas novos estudos que Michelle Gielan e eu conduzimos em parceria com Arianna Huffington mostram a extensão em que esses efeitos podem prejudicar a motivação e o potencial. Descobrimos que passar apenas alguns minutos consumindo notícias negativas de manhã afeta toda a trajetória emocional do dia. Nosso estudo[8] revelou que **pessoas expostas a apenas três minutos de notícias negativas de manhã tinham 27% mais chances de reportar que tiveram um dia infeliz seis a oito horas depois**. É como acordar e tomar uma dose de veneno capaz de dar um tom negativo a todas as suas ações, energia e interações ao longo do dia.[9]

Quando o seu estado de espírito estiver tóxico, o seu potencial acaba reduzido. Como? Para começar, diversas pesquisas sugerem que um estado de espírito negativo afeta os resultados das empresas. Diante de problemas para resolver, as pessoas negativas se cansam antes, desistem mais rápido e encontram soluções piores. Além disso, uma torrente de notícias negativas nos mostra uma imagem assustadora do mundo e nos leva a crer que nosso comportamento não faz diferença alguma. Na psicologia, essa crença de que nosso comportamento é irrelevante para superar as dificuldades é chamada de "desamparo aprendido" e tem sido associada a um baixo desempenho e a maiores chances de depressão.

Afinal, a grande maioria das notícias refere-se a problemas do mundo que somos impotentes para resolver. Vemos o mercado financeiro despencando 500 pontos, um *tsunami* destruindo uma cidade costeira e o Estado Islâmico ameaçando um ataque terrorista e sabemos que não há o que possamos fazer para mudar esses fatos. Sim, é importante saber o que se passa no mundo, mas a nossa exposição a notícias desproporcionalmente mais negativas tem uma consequência indesejada: acreditamos menos na nossa capacidade de enfrentar não só os problemas mundiais como também os da nossa vida pessoal.

Não estamos falando apenas dos meios de comunicação tradicionais, como jornais, rádio e TV. Também somos expostos à negatividade na forma de e-mails estressantes de clientes, um colega mal-humorado ao telefone, um chefe tirânico numa reunião ou um amigo pessimista no Facebook. A mídia social é como um canal de notícias sempre ligado, e o conteúdo nem precisa ser negativo para nos deprimir ou chatear! Podemos ver fotos dos nossos amigos em uma viagem fabulosa enquanto estamos no escritório trabalhando feito camelos num cubículo, ler um *post* no Twitter de um amigo que acabou de se casar enquanto ainda estamos procurando nossa cara-metade, ver uma atualização do LinkedIn informando que um colega foi promovido a um cargo que você também gostaria, ou ver fotos sorridentes de amigos no Facebook que foram aprovados no vestibular, sendo que ainda não alcançamos o resultado esperado. Queremos ficar felizes por eles, o que em geral acontece se estivermos de bem com a vida, mas, quando nossos recursos mentais são escassos, ficamos muito mais vulneráveis a emoções tóxicas, como inveja, amargura e ressentimento.

Vivemos cercados dessas ameaças, e por isso é importante defender nosso castelo.

Uma estratégia muito simples é construir um fosso na nossa rotina diária. Quanto mais simples, melhor. Veja a estratégia que uso e recomendo vivamente: me desligar do mundo antes do café da manhã e depois de ir para a cama. Em outras palavras, não ler notícias, abrir e-mail, olhar as mídias sociais, assistir à TV ou ouvir o rádio. Como o monte Saint-Michel, ao fazer isso você estará criando um "fosso de maré" para se proteger nos momentos mais vulneráveis do dia. Quando acordamos de manhã, nosso nível de glicose no sangue está baixo, ainda estamos meio sonolentos e pouco alertas. Se você seguir essa estratégia, não vai precisar usar todos os recursos à sua disposição para se defender dos ataques de negatividade. Sugiro fazer o mesmo pouco antes de ir para cama. Expor-se a notícias negativas quando o seu cérebro está se preparando para dormir pode obrigá-lo a tentar pegar no sono em um estado de espírito temeroso ou ansioso.

Inclusive, pesquisas demonstram que se expor a qualquer tipo de notícia (positiva ou negativa) antes de ir dormir pode despertar o cérebro e nos custar em média até uma hora de sono por noite.[10] É por isso que a National Sleep Foundation recomenda "construir" exatamente o tipo de fosso que estou descrevendo, ou seja, desligar todos os equipamentos tecnológicos 30 minutos antes de ir para cama. Em um estudo publicado no prestigioso periódico *JAMA Pediatrics*, pesquisadores liderados por Ben Carter descobriram que, se uma criança for exposta às luzes brilhantes e aos sons de um *tablet* ou um celular antes de dormir, seu biorritmo e sua capacidade de tranquilizar o cérebro para o sono serão perturbados.[11] O problema é que 72% das crianças e jovens entre 6 e 17 anos vão para a cama com o celular, que se transformou no ursinho de pelúcia da modernidade, impondo um custo enorme para a energia, a capacidade de concentração e o desempenho acadêmico de nossos filhos.

A vantagem dessa estratégia de defesa é que o fosso pode ser construído em questão de segundos. Tudo o que você precisa fazer é resistir à tentação. Pode ser difícil no começo romper o hábito de checar o celular assim que você acorda de manhã ou vai para a cama, mas pode confiar: quanto mais resistir, mais fácil vai ficar. Os hábitos são formados e rompidos pela ação.

É claro que construir um fosso não faz com que as influências negativas desapareçam. Mas a ação repele a negatividade por um tempo, dando-lhe oportunidade para construir suas defesas. Além de construir um fosso não tecnológico ao redor do seu dia, tente estas quatro estratégias simples, comprovadas por pesquisas científicas, para se defender do fluxo constante de notícias negativas:

Desative as notificações

Tente consumir as notícias sem ser um escravo das vibrações ou dos toques do celular, desativando as notificações por uma semana. Desligue os alertas do celular ou e-mail. Mesmo quando a notícia não for negativa, os alertas desviam a nossa atenção do momento presente e nos distraem do trabalho que estamos fazendo, do tempo que passamos com família e amigos e dos poucos minutos de contemplação silenciosa dos quais precisamos para retomar a concentração ou recarregar as baterias. No momento em que você sucumbe a esses alertas, corre o risco de se afogar no que o autor John Zeratsky chama de "piscina infinita" (fluxos constantes e infinitos de informações).[12] Longe dos olhos, longe do coração (no caso, da mente), e, quanto menos notificações você receber, menos recursos mentais terá de gastar para resistir a essas distrações. Não se deixe dominar pelo medo de ficar por fora. Se alguma coisa realmente importante estiver acontecendo, pode ter certeza de que você ficará sabendo.

Elimine o ruído

Vivemos em um mundo barulhento que parece estar piorando a cada dia que passa. Em *Before Happiness*, escrevi que, da mesma forma como se pode eliminar o ruído de um avião usando fones de ouvido, você também pode usar a meditação para eliminar a tagarelice negativa do seu cérebro. Ou, se tiver o hábito de ouvir rádio ou *podcasts* a caminho do trabalho, tente reduzir o ruído na sua vida simplesmente se forçando a passar os primeiros cinco minutos de seu trajeto em silêncio. Quando voltar a ligar o rádio ou o *podcast*, tente silenciar pelo menos um intervalo comercial por programa. É difícil nos sintonizarmos na frequência da vida quando nosso dia a dia é uma sucessão de barulhos.

Faça um detox de reuniões

Reuniões inúteis são um verdadeiro buraco negro de energia e produtividade na vida de muitas equipes e empresas. Mas como distinguir as reuniões "vazias" e que precisam ser eliminadas das que realmente são produtivas e necessárias? Você pode seguir o exemplo dos líderes do Dropbox, que, em uma manobra ousada, decidiram simplesmente eliminar, sem dó, todas as reuniões durante duas semanas. Eles sabiam que um dia, mais cedo ou mais tarde, teriam de se reunir, mas o período de *detox* permitiu romper com a rotina e fazer uma avaliação objetiva do valor de cada encontro antes de voltar a incluí-los na "dieta" da equipe. Foi como passar um mês sem ingerir qualquer tipo de açúcar para descobrir quais tipos são realmente necessários e de quais se pode abrir mão. Nos dois anos seguintes, as reuniões no Dropbox foram ficando cada vez mais breves, e os funcionários as consideraram cada vez mais produtivas, apesar de a empresa ter triplicado o número de funcionários.[13]

Crie um filtro automático

John Stix é um empresário canadense que fez muito sucesso no setor das telecomunicações. Como muitos pais, ele se preocupava com a possibilidade de seus filhos serem expostos a determinados conteúdos na internet, mas se deu conta de que, apesar de a tecnologia ser o problema, ela também poderia fazer parte da solução. Pensando assim, usou seus conhecimentos técnicos para criar um dispositivo que, mais tarde, batizou de KidsWifi. O aparelho parece uma luz noturna para quartos de bebês, daquelas que se plugam na parede, mas na verdade é um roteador de alta tecnologia que usa algoritmos sofisticados para monitorar e filtrar qualquer coisa que não seja apropriada para crianças em todos os dispositivos que estiverem por perto. Se tivéssemos um dispositivo como esse para filtrar notícias negativas, poderíamos entrar no site da CNN e escolher a proporção entre notícias negativas e positivas que quiséssemos, em vez de sermos obrigados a ver imagens e histórias terríveis de guerras, desastres naturais e outras formas de sofrimento humano para nos inteirar dos acontecimentos. Espero que algum leitor deste livro crie esse dispositivo!

Estratégia 2: construa uma fortaleza mental

Em 12 de junho de 2016, um homem tomado pelo ódio entrou atirando contra a multidão na casa noturna Pulse, em Orlando. O que se seguiu (um dos maiores tiroteios em massa da história dos Estados Unidos) foi caótico e desolador. No meio da madrugada, dezenas e mais dezenas de vítimas foram levadas ao único pronto-socorro preparado para receber vítimas de armas de fogo na cidade, o Orlando Health.

Numa noite tão terrível, foi uma bênção que a equipe do Orlando Health estivesse preparada para aquela tragédia inimaginável. Médicos e enfermeiros sabiam como agir em uma situação de crise, tendo aprofundado sua experiência lidando com diversas tragédias e acidentes, sem mencionar anos e mais anos de estudos. Eles tinham criado procedimentos de admissão ágeis, protocolos para evitar erros e práticas para manter abertos os canais de comunicação entre médicos, enfermeiros, pacientes e famílias. Mas, tão importante quanto essas ações, eles estavam *mental e emocionalmente preparados*, pois haviam desenvolvido uma prática mental para ajudá-los a continuar tranquilos, focados e esperançosos diante de um estresse e uma tristeza incomensuráveis.

Dois anos antes do tiroteio, os líderes do Orlando Health se comprometeram a treinar todos os prestadores de serviços médicos e pessoal de apoio para adotar hábitos positivos no trabalho. Para lançar a iniciativa, fui convidado para conduzir duas sessões de treinamento para a organização toda, de enfermeiros a administradores. Em seguida, contrataram instrutores do *Orange Frog*, que criaram no Orlando Health uma narrativa em torno da parábola que descrevi no Capítulo 4, sobre EXPANDIR o poder. Com isso, a liderança sênior se propôs a não começar suas reuniões falando de problemas administrativos, falta de recursos ou estresse emocional; começariam, sim, com a gratidão. Esse treinamento mental (começar todas as reuniões falando das coisas pelas quais eles eram gratos) os ajudou a construir uma fortaleza de resiliência mental que puderam usar ao atender as vítimas da boate Pulse.

Depois do tiroteio, eles me ligaram e me contaram que, no dia seguinte à pior tragédia que a comunidade já tinha visto, conseguiram abrir sua reunião com gratidão. Gratidão por terem tido a chance de ajudar, gratidão pelas manifestações de solidariedade vindas de todo o país, gratidão por terem ombros amigos para consolá-los. Em uma situação na qual eles poderiam ter se deixado arrastar por estresse, choque e sofrimento, encontraram força na gratidão. Sugeri que a liderança sênior fizesse um vídeo contando como essas práticas positivas os ajudaram a se manter fortes diante da tragédia e como a comunidade se uniu e os ajudou a reescrever a narrativa da tragédia para as equipes. Se você entrar no site positiveresearch.com, poderá assistir ao vídeo e aprender como criar narrativas parecidas, tanto nos momentos de calmaria quanto no olho do furacão.

Militarmente, uma fortaleza é um lugar para o qual o lado que estiver perdendo pode recuar, um local abastecido de suprimentos e reforçado em caso de ataque. Uma fortaleza mental é uma prática que cria um estoque de reservas mentais para as quais você sempre vai poder recorrer em circunstâncias difíceis. **A prática diária da gratidão é um exemplo de uma fortaleza mental.** Veja algumas outras práticas que você pode usar para se defender do estresse, das adversidades ou da tristeza.

Prepare-se para o otimismo

Quando estou tendo um dia ruim, estou me sentindo especialmente frustrado ou para baixo, tento pensar em três coisas boas que me aconteceram nas últimas 24 horas. Essa prática não só prepara o cérebro para recomeçar a processar o positivo como fornece os reforços mentais dos quais estou precisando para lidar com as dificuldades que encontrarei durante o dia.

Esse exercício de preparação do cérebro para o otimismo não só cria uma fortaleza mental que ajuda a fortalecer a resiliência, como novas pesquisas estão demonstrando que você também pode ajudar as pessoas a serem mais produtivas ajudando-as a pensar nas coisas boas que estão acontecendo na vida delas. Em um experimento criativo, os pesquisadores J. Chancellor, da Universidade de Cambridge, e K. Layous e S. Lyubomirsky, da Universidade da Califórnia, Riverside,[14] conduziram um estudo de seis semanas em uma empresa japonesa para o qual os funcionários usaram crachás de identificação sociométricos especiais para mensurar suas atividades e suas interações no decorrer do expediente. Os funcionários que foram aleatoriamente alocados para relatar três eventos positivos que ocorreram na semana não só apresentaram níveis mais elevados de felicidade depois do período estudado, como efetivamente tiveram mais energia e realizaram suas tarefas com mais rapidez. Com a simples medida de levar as pessoas a se concentrarem por apenas dez minutos por semana nos aspectos positivos da vida, elas se sentiram mais energizadas, se movimentaram mais, conseguiram realizar mais tarefas e, ainda por cima, puderam sair do trabalho mais cedo.

Tente fazer isso com a sua família ou sua equipe. Escolha um dia (como "Quinta-Feira da Gratidão") e crie um ritual de escolher três acontecimentos positivos da semana anterior.

Crie uma "entrada positiva"

Pesquisas demonstram que a primeira coisa que se diz em uma conversa costuma indicar como ela acabará. Sabendo disso, precisamos de ferramentas para ajudar a neutralizar os efeitos que uma pessoa irritada, estressada ou combativa pode ter sobre nós. Como a brilhante pesquisadora (que também é a minha esposa) sugeriu em *Broadcasting Happiness*, é possível definir o rumo da conversa criando o que ela chama de uma "entrada positiva" para neutralizar um tom negativo. Tente não começar seus telefonemas com "Estou atolado de trabalho" ou "Estou tendo uma semana terrível. Não vejo a hora de a sexta-feira chegar". É muito melhor respirar fundo e dizer algo como: "Que bom falar com você!" ou "Estou muito empolgado com a chance de trabalharmos juntos neste projeto".

Da mesma forma, em vez de retribuir a expressão não verbal estressada de um colega com uma careta, responda com um sorriso ou um aceno solidário. Sempre que alguém perguntar "Como vai? Tudo bem?", tente resistir ao impulso de reclamar e dê uma resposta animadora (contanto que seja sincera) como "Estou muito bem hoje" ou "Está fazendo um dia lindo". Com essa simples técnica, você poderá trazer um tom positivo à conversa antes de a pessoa ter a chance de entrar com os assuntos usuais, como estresse, cansaço ou que ela está contando os minutos para o fim do dia.

Invista na atenção plena

As empresas mais inovadoras se arriscam para atingir a grandeza. Trabalhamos com organizações dispostas a fazer todo tipo de investimento financeiro de alto risco num piscar de olhos – desde bancos dispostos a usar ativos tóxicos até fundos *hedge* fazendo apostas de US$ 100 milhões para adquirir empresas em dificuldades. Mas seus líderes ainda se opõem à ideia de sugerir que os funcionários invistam dois minutos por dia para se focar em observar a respiração. Michelle e eu demos mais de 900 palestras em conferências e, para a nossa surpresa, só em *duas* ocasiões um líder sênior se atreveu a mencionar os benefícios da atenção plena (*mindfulness*).

"Trabalhe mais rápido e faça mais com menos" é a solução das organizações míopes e avessas ao risco. Os verdadeiros líderes progressistas sabem que permitir que seus funcionários desacelerem é uma das melhores estratégias para se criar uma força de trabalho produtiva. A Aetna, uma das primeiras empresas a usar práticas da psicologia positiva no trabalho, teve resultados incríveis com um programa de treinamento cuja finalidade era ensinar os funcionários a meditar e a praticar ioga para ficarem mais focados.[15] Os mais ou menos 15 mil funcionários (mais que um quarto da empresa) que participaram do programa geraram um ganho médio de produtividade de 62 minutos por semana, o que representa um aumento de produtividade de nada menos que US$ 3.000 por funcionário a cada ano!

E até esse montante deve *subestimar* o valor total da atenção plena, pois não inclui os impactos positivos do engajamento dos funcionários sobre a rotatividade, custos de substituição de empregados, custos com treinamento, atendimento ao cliente ou vendas. Uma boa amiga minha, Heidi Hanna, diretora do American Institute of Stress, costuma dizer: "O estresse é um cartão de crédito de energia. Mais cedo ou mais tarde, você vai ter de pagar, só que com juros". E eu incluiria que a atenção plena é um cartão de crédito de resiliência. Quanto mais se gasta, mais pontos acumula e mais prêmios pode ganhar no fim do mês.

Para não achar que estou sugerindo tirar três horas do seu trabalho para ficar sentado no chão de pernas cruzadas entoando mantras, pesquisas demonstram que é possível obter resultados consideráveis praticando a atenção plena apenas alguns minutos por dia. Um fascinante estudo-piloto conduzido por Amy Blankson, do Institute of Applied Positive Research, com novos funcionários do Google constatou que os que participaram de um programa que envolveu meditar por apenas *dois minutos por dia* e manter um diário de gratidão usufruíram de níveis mais elevados de engajamento em comparação aos que não meditaram. Se acha que a meditação não é a sua praia ou que seria um pouco demais para você, tente passar dois minutos por dia simplesmente observando a sua respiração entrando e saindo do pulmão, prestando atenção ao momento presente. Se quiser ser um trabalhador do futuro, pare de pensar sobre o futuro por um momento. É muito melhor sentar-se e praticar a sua capacidade de retornar à sua fortaleza mental, ao aqui e agora.

Estratégia 3: aprenda a arte do *aikido* mental

Hoje em dia parece que todo mundo se estressa com o estresse. É fácil ver por que fazemos isso, mas, ao transformarmos o estresse no inimigo, na verdade só estamos dando mais força a ele. Pesquisas que minha equipe e eu conduzimos nos últimos anos revelaram que ver o estresse como uma ameaça *aumenta* acentuadamente seus efeitos físicos negativos sobre o corpo e reduz a criatividade, a produtividade e a eficácia em geral. Mas, por incrível que pareça, em vez de drenar o nosso potencial, o estresse na verdade pode elevá-lo.[16]

Um estudo que conduzimos no banco de investimentos UBS, com Alia Crum, do Mind & Body Lab de Stanford, e Peter Salovey, fundador do Yale Center for Emotional Intelligence, constatou que, se um líder conseguir criar uma atitude positiva em relação ao estresse em sua equipe, vendo essa excitação como um desafio e não uma ameaça, os participantes se beneficiam de uma queda de 8% nos efeitos negativos do estresse sobre a saúde e um aumento correspondente a 8% na produtividade nas três semanas seguintes.[17]

Como podemos mudar a forma como encaramos o estresse? Alia e seu pai, Thomas Crum, elaboraram uma técnica incrível. Os dois são versados na arte marcial do *aikido*, uma luta na qual, em vez de tentar bloquear um ataque, você usa a energia do adversário para redirecionar sua força. Eles aplicaram os princípios dessa arte marcial para lidar com o estresse. A ideia é parar de tentar bloqueá-lo ou rejeitá-lo e, em vez disso, redirecioná-lo de um jeito mais positivo.

Você também pode aplicar o *aikido* mental na sua vida. Para redirecionar a força do estresse, transformando-a de uma força debilitante em uma enaltecedora, a primeira coisa que pode fazer é se dar conta de que na raiz de cada fonte de estresse está o propósito. Você já notou que as pessoas com empregos enfadonhos para os quais elas não dão a mínima nunca parecem se estressar com o trabalho? Será que você gostaria de trocar de lugar com elas? Acho que não. Até o pior estresse é melhor do que a desmotivação ou a apatia. Posso dizer que nunca vi uma família, um casamento ou uma vida livre de estresse. Isso acontece porque essa sensação se origina do senso de propósito. Aliás, nosso estudo na Yale e no UBS constatou que os efeitos negativos do estresse são muito maiores quando nos distanciamos de nosso propósito.

Por exemplo, se eu lhe disser que a sua caixa de entrada está transbordando de *spams*, você não vai se preocupar com isso, não é mesmo? Esses e-mails podem passar uma vida inteira na pasta de *spams* e você não dará a mínima. Mas, se eu lhe disser que a sua caixa de entrada está transbordando de mensagens do trabalho ou da sua família e amigos, você vai ficar estressado. Como conseguirá responder todas a tempo? Se o melhor amigo do seu filho tirar uma nota baixa em matemática, você não ficará muito preocupado. Mas, se fosse o seu filho, imagine o estresse. Só nos estressamos com as coisas com as quais nos importamos. Por exemplo, se eu estiver preocupado com o prazo de entrega de um manuscrito, sei que só estou dessa maneira porque para mim é muito importante colocar o livro nas mãos dos leitores.

Então, se perceber que está começando a se estressar com alguma coisa, pergunte-se: "Por que isso importa?". Pense por que é importante para você. Você pode anotar a resposta e colar um *post-it* no seu computador ou na sua geladeira para se lembrar. Quando estava na faculdade e não tinha vontade de fazer a lição ou estudar para uma prova, eu me lembrava da importância da matéria, das minhas notas e de aprender; de repente, recebia uma verdadeira injeção de energia. O cérebro *odeia* desperdiçar energia. Por isso, se esquecer por que alguma coisa tem valor ou importância, o cérebro simplesmente deixa de alocar a energia necessária. A ideia do *aikido* mental é redirecionar essa energia para as coisas que têm um propósito.

Depois de nos reconectarmos com a fonte do nosso estresse, seja a felicidade dos nossos filhos, nossa reputação como bons líderes ou o compromisso com a equipe, nós não só colocamos as nossas prioridades no centro do palco como passamos a canalizar a energia de um jeito produtivo. Fica muito mais fácil lidar com aquela caixa de entrada cheia de e-mails quando lembramos que muitas das mensagens serão sobre aquele empolgante projeto que acabamos de lançar. Dirigir para levar os filhos do treino de futebol à consulta no dentista a tempo de repente não fica tão exaustivo quando lembramos que estamos fazendo isso por amor. Como a dra. Kelly McGonigal, autora de *O lado bom do estresse*, argumenta: "Buscar o propósito é muito melhor para a saúde do que tentar evitar o desconforto". Pode ter certeza de que, por trás de todo estresse, alguma coisa importante está à espreita. Cabe a nós escolher lutar contra ela ou usá-la como fonte de energia e motivação.

Veja as dificuldades como uma oportunidade de melhorar

Vivo recebendo ligações de líderes que me dizem que sua empresa está passando por muitas mudanças e muito estresse e que eles "sabem" que isso reduzirá a eficácia dos funcionários, afastará os melhores talentos e dispersará as equipes. Costumo sugerir pensarem nos militares, para quem o estresse e a incerteza são corriqueiros e que estão mais acostumados com um campo de treinamento do que com férias na praia. Mesmo assim, os militares dos Estados Unidos são os mais eficazes, constantes e leais em relação a praticamente qualquer organização do planeta. Isso acontece porque, depois de séculos de prática, eles descobriram que, se enfrentarem o estresse (1) com a perspectiva certa e (2) acompanhados, é possível criar narrativas e vínculos sociais sobre os quais poderão falar pelo resto da vida. Em vez de ver o estresse como uma ameaça, o exército se orgulha da resiliência coletiva criada por essa sensação. E isso não tem nada a ver com o fato de eles serem soldados. Toda empresa e toda equipe pode transformar o estresse em fontes de potencial, vendo-o como uma armadura e não como uma arma de destruição em massa.

Quando enfrentamos sozinhos uma preocupação, a experiência pode ser devastadora. Mas canalizar essa energia para melhorar as pessoas pode dissipar os efeitos negativos. Dois anos atrás, fiz um documentário com a **HBO** intitulado *State of Play: Happiness*, no qual exploramos como criar um sistema social de apoio resiliente em uma cultura na qual é difícil falar sobre emoções positivas e encarar um estresse intenso.

Na primeira metade do documentário, examinamos a NFL para ver como as pessoas criam a felicidade em uma organização na qual a carreira de um jogador dura em média apenas 3,3 anos, onde a concorrência é feroz, os atletas têm grandes chances de sofrer lesões e muitos presumem que os jogadores são muito "durões" para demonstrar suas emoções. Na segunda metade, analisamos os SEALs da Marinha, uma das principais unidades de operações especiais das Forças

Armadas dos Estados Unidos, onde é praticamente impensável falar sobre as emoções e os integrantes têm grandes chances não só de saírem feridos, como de perder a vida. Nos dois casos, descobrimos que o segredo de seus extraordinários níveis de engajamento, trabalho em equipe e lealdade não era apenas o estresse, mas *o empenho investido em ajudar uns aos outros a superá-lo*.

Por exemplo, Michael Strahan, que jogou no time de futebol americano New York Giants da NFL, me contou que o ano em que melhor jogou foi quando decidiu curtir jogar em equipe e ajudar os colegas a atingir a excelência em vez de se preocupar com a possibilidade de sofrer uma lesão e ser obrigado a se aposentar. Depois de ouvir relatos parecidos dos SEALs e de outros jogadores da NFL, esta é a lição que empresas e organizações podem aprender: precisamos ajudar as equipes a ver o estresse como um desafio a ser superado em grupo, e não um fardo a ser carregado sozinho.

Um ano depois do lançamento do documentário, tive a chance de entrevistar Jonathan Reckford, CEO da ONG Habitat for Humanity, sobre como criar e sustentar uma cultura na qual os desafios são vistos como fonte de motivação e não de derrota. Ele me contou que a Habitat for Humanity recebe milhares de voluntários todos os anos, inspirados pela missão da organização e pela vontade de ajudar a mudar o mundo, o que me fez lembrar da motivação dos militares. Mas, quando se deparam com toda a burocracia envolvida no trabalho, com a falta de recursos ou com os obstáculos que enfrentam para mudar o mundo com a rapidez que gostariam, muitos dos voluntários se frustram. Começam a achar que a organização e o sistema estão impedindo sua paixão e acabam desistindo.

No entanto, alguns voluntários veem a escassez de recursos não como uma ameaça, mas como um desafio empolgante que ativa o potencial: como posso aproveitar ao máximo esses recursos escassos? Como faço para contornar a burocracia e outros obstáculos? E, melhor ainda, como posso ajudar os demais voluntários que desejam criar um mundo melhor? Reckford contou que seu trabalho envolve inspirar e treinar os líderes e suas equipes a mudar o modo de ver as coisas e começar a enxergar as fontes de estresse não como razões para desistir, mas como fatores que ajudam a reforçar o trabalho em equipe e a motivação.

Você também pode aplicar essas lições na sua vida. Para começar, se estiver em uma situação estressante ou de alto risco, pergunte a si mesmo: "Quem está aqui nas trincheiras comigo?". Você sempre poderá encontrar alguém que esteja enfrentando as mesmas dificuldades, como colegas de trabalho, colegas de turma ou até pessoas que você não conhece pessoalmente, mas que pode encontrar por meio de sua rede de contatos ou de um grupo de apoio. Quando se lembrar de que não precisa levar o fardo sozinho, tenderá a pensar em maneiras de ajudar os outros em vez de simplesmente se lamuriar com eles. Essa abordagem transforma ameaças em oportunidades de exercitar a empatia e fortalecer os vínculos no seu sistema de apoio.

Além disso, preste atenção em como você costuma falar sobre as coisas estressantes da sua vida. Quando você chega em casa, em vez de falar como o trabalho foi irritante, frustrante ou exaustivo, fale sobre as oportunidades que surgiram de conhecer pessoas, aprender coisas novas e elevar seu potencial. Mesmo se não acreditar muito nisso no início, o seu discurso aos poucos começará a afetar a sua atitude e o seu modo de ver as coisas e também mudará as pessoas ao seu redor. Já percebeu que pais que vivem reclamando da vida têm filhos que fazem de tudo para não ir à escola ou fazer a lição de casa? Como pais (e colegas de trabalho), cabe a nós dar o exemplo. Use palavras e ações para ajudar seus filhos, suas equipes e até a si mesmo a ver os desafios e as dificuldades como algo a ser recebido de braços abertos e não algo a ser evitado.

Reinvente o fracasso

Outra forma de *aikido* mental envolve mudar a maneira como conceituamos o fracasso. Como no caso do estresse, muita gente acredita que o fracasso é algo a ser evitado. Mas, na verdade, ele também pode ser fonte de energia e motivação se visto do jeito certo. Carol Dweck, pesquisadora de Stanford, conduziu estudos pioneiros para investigar como a nossa visão de mundo influencia nosso potencial, especialmente quando se trata de sucesso e fracasso. A pesquisadora descobriu que as crianças que veem o fracasso como um trampolim para o crescimento (mentalidade de crescimento) são mais resilientes, não se deixam desanimar tão facilmente, persistem por mais tempo e se empenham mais do que as crianças que veem o fracasso como eventos devastadores e como uma prova de sua inerente falta de inteligência ou talento (mentalidade fixa).

Menos conhecidas são as constatações de um fascinante projeto de pesquisa de Dweck e Kyla Haimovitz que analisou como essas mentalidades estão interconectadas. Verificou-se que a mentalidade fixa pode ser mais "contagiante" do que a mentalidade de crescimento. Mais especificamente, as pesquisadoras descobriram que, mesmo se um pai ou uma mãe vir o fracasso como uma oportunidade de crescimento, isso não garante que seus filhos terão a mesma mentalidade.[18] Mas, se o pai ou a mãe achar que o fracasso é devastador, seus filhos terão muito mais chances de adotar a mesma mentalidade. Em outras palavras, quanto mais você aprender a parar de tratar o fracasso como um convidado inconveniente, mais chances terá de DEFENDER tanto o seu próprio potencial quanto o das pessoas com quem convive.

É importante esclarecer que não estou sugerindo criar deliberadamente situações estressantes ou tentar fracassar no trabalho ou na vida pessoal. A maioria das pessoas já encontra adversidades suficientes por aí e não precisa criar artificialmente outras dificuldades. A ideia é usar o estresse que você não tem como evitar e redirecionar a energia gasta com ele de um jeito construtivo, tentando vê-lo como um desafio que ativa o seu potencial ao viver a experiência ao lado de pessoas que se ajudam e dividem o fardo.

Cuidado com as ilusões negativas

Em outubro de 2016, fui convidado para dar uma palestra à noite em um retiro do Bank of America no sul da Califórnia. Como sabia que muitos participantes eram de Nova York e Chicago, o que significava que eles estariam vários fusos horários adiantados em relação à Califórnia, fiz o que pude para manter a plateia interessada (ou pelo menos acordada). No começo, parecia que tudo ia bem, até que, de repente, no final da palestra, a plateia parecia distraída: algumas pessoas olhavam para o celular, outras conversavam entre si, e por aí vai. Eu não sabia o que estava acontecendo. Será que estavam cansados? Será que a minha palestra estava chata demais e eles tinham perdido o interesse? Será que não estavam acreditando no que eu estava dizendo e comentavam sobre o absurdo da coisa? Naquele momento vulnerável e inseguro, me convenci de que o problema era a combinação das três coisas. Decidido a reconquistar a atenção deles, estendi minha palestra por mais 15 minutos e entrei num assunto que costuma interessar as pessoas, mas que só pareceu deixar aquela plateia de banqueiros ainda mais distante.

Chegou uma hora em que eu desisti. Derrotado e frustrado, voltei ao hotel, onde encontrei *todos eles* no bar do *lobby*, amontoados diante da TV. Acontece que, bem no horário da palestra, estava rolando a final do World Series, o mais importante campeonato de beisebol dos Estados Unidos. O Chicago Cubs jogava contra o Cleveland Indians, que tinha acabado de empatar o jogo. Não tinha nada de errado comigo ou com a minha palestra. As pessoas só queriam sair de lá a tempo de testemunhar aquele importante momento da história do beisebol. Minha interpretação estava errada, e por isso acabei aumentando o problema... e o meu estresse.

Faz parte da natureza humana sermos um pouco egocêntricos, acreditando que somos a causa do problema, o alvo da piada ou a razão pela qual uma plateia repleta de fãs de beisebol parece distraída na noite da final do campeonato. O problema é que tendemos a interpretar essas situações como uma "ilusão negativa", vendo uma ameaça que, na verdade, não existe.

Fique atento às "ilusões negativas" da sua vida. Aquela pessoa na festa que você acha que está sendo rude pode ser só tímida. O colega que você acha que está fazendo o trabalho nas coxas está deprimido ou enfrentando algum problema pessoal. A pessoa que você considera esnobe na verdade se sente intimidada na sua frente. Quando se pegar procurando a explicação mais pessimista para o comportamento de alguém, veja se uma explicação completamente diferente também não seria possível. O simples fato de se abrir para a possibilidade de alguma outra explicação o impedirá de cair no hábito de ficar ruminando o "problema" e lhe permitirá redirecionar sua energia mental a algo mais produtivo.

Estratégia 4: tire férias dos seus problemas

Aprendemos desde a infância que não devemos evitar os nossos problemas. Como pesquisador, posso dizer que discordo dessa premissa. Você *certamente* deve evitar os seus problemas, pelo menos por um tempo. **Ao contrário do que costumamos acreditar, "dar um tempo" dos problemas pode ajudá-lo a se beneficiar de uma das maiores vantagens competitivas que temos à nossa disposição.**

Comecei este capítulo contando uma história sobre um dos filmes preferidos do meu filho, então por que não terminar com uma referência ao meu filme predileto? No clássico dos anos 1990 *Nosso querido Bob*, o psiquiatra Leo Marvin (interpretado por Richard Dreyfuss) faz de tudo para tirar o paciente irritantemente grudento Bob Wiley (Bill Murray) de seu pé. Em uma tentativa desesperada, o psiquiatra prescreve não um remédio, mas que o paciente "tire férias dos seus problemas". Como seria de esperar em uma comédia, o plano sai pela culatra, e Bob decide viajar para a mesma cidade onde o dr. Marvin foi tirar férias com a família. Mas, tirando o lado cômico da situação, a solução prescrita pelo dr. Marvin possui embasamento científico.

Passei os dois últimos anos trabalhando em parceria com a U.S. Travel Association na iniciativa Project: Time Off [Projeto: dê um tempo], uma análise robusta das implicações para as empresas de funcionários que tiram férias.[19] De acordo com a associação, os norte-americanos nunca tiraram menos tempo de férias do que nas últimas quatro décadas. Segundo Gary Oster, diretor administrativo do projeto, uma das razões é que os americanos acham que serão malvistos pela chefia, reduzindo suas chances de ganhar uma promoção ou um aumento. No entanto, pesquisas demonstram que acontece justamente o contrário. Tirar as férias às quais você tem direito na verdade leva o seu chefe a vê-lo com bons olhos e aumenta as suas chances de receber um aumento ou uma promoção. *De acordo com a pesquisa, as pessoas que usufruem todo o seu período de férias têm 6,5% mais chances de ganhar uma promoção ou um aumento do que aquelas que deixam de tirar onze ou mais dias de descanso remunerado.*[20]

Quatro em cada dez funcionários dizem que relutam em tirar férias porque têm muito trabalho a fazer.[21] Mas, de acordo com a pesquisa da U.S. Travel, um dos dois principais benefícios de tirar férias é o aumento de produtividade. Além disso, mesmo se não tirar férias, continuará tendo muito trabalho; mas conseguirá dar conta das tarefas mais rápido se tirar um tempo para recarregar as baterias.

Em *O jeito Harvard de ser feliz,* descrevo pesquisas que comprovam que, quando o cérebro está em "modo positivo", a produtividade aumenta 31% e as vendas, 37%. A criatividade triplica e as receitas também podem triplicar. Em um artigo publicado na *Harvard Business Review* e baseado em uma década de pesquisas, concluí que "**a maior vantagem competitiva da economia moderna é um cérebro positivo e engajado**".[22]

Há um porém. Podemos achar que passar as férias na praia, viajar pelo interior da Itália ou visitar um velho amigo ou ente querido resultaria em um cérebro muito mais feliz e positivo, mas não é necessariamente o caso. No artigo, descrevo pesquisas conduzidas na Holanda que demonstraram que as férias *típicas* não aumentam a energia ou a felicidade das pessoas.[23] *Mas* estamos falando de férias *típicas*.

Em estudo de acompanhamento do qual 400 viajantes do mundo todo participaram, minha colega e companheira de férias, Michelle Gielan, do Institute for Applied Positive Research, e eu descobrimos que 94% das férias resultam em mais felicidade e energia *se elas forem bem planejadas*. Especificamente, descobrimos que, se você

1. planejar as férias com um mês de antecedência e preparar seus colegas para sua ausência (sem que precise passar as férias resolvendo os problemas que chegam nos e-mails desesperados deles);
2. sair da sua cidade (quanto mais longe, melhor);
3. encontrar alguém que conhece bem o lugar para lhe apresentar os principais pontos; e
4. resolver os detalhes da viagem antes da partida (para não se estressar tentando encontrar passagens ou reservar hotéis na última hora),

as férias têm *muitas chances* de levar a mais felicidade e energia e, em consequência, mais produtividade, desempenho e resiliência no trabalho.

Se mesmo com tudo isso você não se convenceu, pense que tirar férias basicamente significa um aumento de salário imediato! Nem é preciso ler pesquisas científicas para se convencer disso, basta fazer um simples cálculo. Se trabalha com registro em carteira e *não* tirar suas férias remuneradas, você simplesmente estará aceitando um corte salarial voluntário pelos dias a mais que vai trabalhar.

Então, da próxima vez que se sentir culpado por tirar férias (achando que vão pensar que você não leva o trabalho a sério ou que não vai conseguir dar conta do trabalho acumulado quando voltar), lembre-se que pesquisas científicas comprovam que tirar férias melhora a produtividade e o desempenho, acelera o avanço profissional e, se bem planejadas, ainda fazem de você uma pessoa mais feliz.

Estratégia 5: escolha as suas batalhas

Em *O jeito Harvard de ser feliz*, conto sobre um experimento do qual participei na faculdade. Desde quando escrevi esse livro, a história ganhou um novo significado para mim em relação às pesquisas sobre resiliência, importantes para entender a estratégia que veremos nesta seção. Então, peço desculpas por relatá-la novamente (desta vez resumida). Em troca de um pagamento de US$ 20, me ofereci para participar de um estudo no Massachusetts General Hospital cujo objetivo, fui informado, era aprender mais sobre como os idosos caíam. Como, obviamente, não é nada simpático levar idosos a um laboratório e pedir para eles caírem repetidamente no chão, os pesquisadores decidiram pagar estudantes universitários para fazer esse papel.

Quando cheguei ao hospital, os pesquisadores me entregaram sensores de movimento para eu afixar nos joelhos, cotovelos e pulsos e me pediram para andar de um lado ao outro, repetidamente, por um corredor acolchoado praticamente no escuro. Cada vez que eu passava pelo corredor, uma das quatro coisas a seguir acontecia: o chão sumia debaixo dos meus pés e eu caía; o chão deslizava para a direita e eu caía; uma corda amarrada na minha perna direita era puxada e eu caía. E, se nada disso acontecesse, era para eu cair sozinho, *de propósito* (talvez para simular o jeito como os idosos caem *intencionalmente...*). Dá para ver o padrão? Não posso dizer que não me ressenti um pouco com a experiência. Afinal, passei *três horas* andando de um lado para o outro, percorrendo aquele corredor traiçoeiro nada menos que *200 vezes*. É bem verdade que o assistente de pesquisa entrou na sala em várias ocasiões para me perguntar se eu não queria interromper o experimento. Eu queria, desesperadamente. Mas havia US$ 20 em jogo, muito dinheiro para mim na época, e, apesar dos doloridos hematomas que estavam começando a aparecer por todo o meu corpo, escolhi continuar.

No fim do experimento, a pesquisadora entrou em cena para me explicar o estudo. Ela me contou que eu tinha sido ludibriado e que o objetivo, na verdade, era testar a resiliência em relação ao ganho econômico. Se eu tivesse interrompido o experimento em qualquer momento, eu teria ganhado os US$ 20, mas eles estavam interessados em ver quanto tempo eu persistiria. Acontece que eu tinha sido o único voluntário idiota o suficiente para persistir por todas as três horas.

Atualmente, ouvimos muito sobre o valor da perseverança e da determinação, e diversas pesquisas associam esses atributos ao desempenho e ao sucesso. Mas acho interessante repetir essa história aqui porque hoje vejo esse incidente como o exemplo perfeito de que, apesar de a perseverança e a determinação serem atributos importantíssimos, persistir nem *sempre* é a melhor coisa a fazer. Afinal, minha obstinação de ir até o fim do experimento resultou em 200 quedas e no desperdício de três preciosas horas da minha vida para, no final, ganhar a mesma recompensa de uma pessoa que caiu uma vez e decidiu que era melhor preencher seu tempo com algo mais interessante. Na vida profissional e pessoal, quando tropeçamos repetidamente e caímos em um determinado caminho, em vez de levantar, sacudir a poeira e voltar a tentar (vez após vez), pode ser melhor parar e nos perguntar se realmente estamos no caminho certo.

Sei que essa recomendação não é bem o que você esperaria de um livro sobre expandir os limites do potencial, mas reflita: quando passamos tempo demais persistindo em um determinado objetivo, como as pesquisadoras Suzanne Segerstrom e Lise Nes descobriram, podemos até chegar aonde queremos, mas às vezes isso pode acontecer em detrimento de outros objetivos.[24] Quando decidi persistir por três horas naquele experimento da queda, acabei perdendo um tempo precioso que eu poderia ter usado, por exemplo, para estudar. Se você ficar insistindo em ligar para aquele cliente potencial que nunca topou sua proposta, provavelmente estará deixando de entrar em contato com muitos outros que poderiam se interessar pelo que você tem para vender. Ao optar por continuar namorando aquela pessoa negativa que se recusa a mudar, você estará perdendo a oportunidade de ter uma relação positiva com outra. Ao dedicar toda a sua criatividade, tempo e energia àquele emprego terrível, você estará exaurindo os recursos mentais que poderia investir para encontrar um trabalho melhor.

Às vezes a melhor estratégia é desistir. Técnicas de defesa, resiliência e determinação têm seu valor, mas só até certo ponto. Se você tentou todas as estratégias deste capítulo e a sua situação não melhorou, é um bom sinal de que seria melhor partir para a próxima. Há algumas circunstâncias que estão além do nosso controle, mesmo se tivermos as mais potentes ferramentas à nossa disposição. Se vive sendo desrespeitado e desvalorizado no trabalho, você não precisa reforçar as suas defesas contra a negatividade; precisa arranjar outro emprego. Se estiver em um relacionamento abusivo, não precisa se imunizar contra o estresse; precisa sair dessa relação. Se acorda todo dia de manhã sabendo que o seu emprego não tem como realizar os seus sonhos, você não precisa de férias, precisa trilhar outro caminho. Não fique esperando. Quanto mais profundas forem as trincheiras que você cavar na sua vida, mais difícil será sair da sua fortaleza.

Apesar de ser muito bom manter o otimismo, se estiver infeliz e tiver como mudar, não tente bancar o herói. Você se identifica com uma das descrições acima? Seja sincero consigo mesmo. Em vez de insistir em uma batalha perdida, por que não escolher uma batalha que tem chances de vencer?

Saber quando persistir e quando desistir requer sabedoria e autoconhecimento. É por isso que o Capítulo 3, sobre CERCAR-SE de influências positivas, é tão importante. Nenhum estudo científico vai lhe dizer quando é a hora de procurar um novo caminho. As suas influências positivas, contudo, podem ajudá-lo a enxergar um novo direcionamento e abrir um caminho diferente. Você pode consultar os seus pilares para ver se está no trajeto certo. Pode se conectar com as suas pontes para encontrar novas trilhas para atingir os mesmos objetivos. Pode recorrer aos seus extensores para explorar o terreno e ver aonde os caminhos alternativos podem levá-lo.

Para atingir o Grande Potencial, *precisamos* das outras pessoas para proteger uns aos outros da escuridão e nos guiar para a luz. Precisamos delas para sustentar a nossa energia e nossa motivação e manter essa luz brilhando. Na última estratégia, você vai reunir as SEMENTES do potencial para criar um Círculo Virtuoso coletivo que ajudará o sistema estelar a brilhar ainda mais.

7

Sustente as conquistas
Use o poder coletivo a seu favor

Brian O'Connor é professor de estudos sociais do quinto ano no pequeno distrito de Chappaqua, no estado de Nova York. Numa época em que muitos pais lamentam que seus filhos passem tempo demais diante da TV, O'Connor surpreende ao motivar seus alunos a assistir à TV.

Especificamente, O'Connor encoraja seus alunos a assistir ao *CNN Heroes*, um programa que apresenta pessoas comuns que se dedicam a fazer do mundo um lugar melhor. Depois de cada episódio, O'Connor pede que os estudantes identifiquem e anotem os atributos dos heróis que gostariam de incorporar em sua própria vida um dia. E vai ainda mais longe ao pedir que escrevam cartas aos heróis, agradecendo por sua coragem e convidando-os para uma "festa por Skype" com a turma, para homenageá-los e celebrar suas contribuições. No começo, O'Connor não esperava que os personagens respondessem às cartas. Mas, por incrível que pareça, sete anos depois, as paredes de sua sala de aula estão cobertas de fotos dos alunos conversando por Skype com essas pessoas extraordinárias.

O que mais surpreendeu O'Connor foi ver a alegria dos alunos ao aplaudir e vibrar por esses heróis que tanto fizeram para merecer os elogios. O professor conta: "Quem vê pensa que eles estão falando com a Katy Perry. Esses heróis são verdadeiras celebridades para os meus alunos e merecem ser".[1] Ao vibrarem pelos heróis, as crianças também começam a se transformar em um. Ao darem aos alunos uma imagem de como um futuro cheio de propósito pode ser, essas pessoas inspiram as crianças a criar um futuro com essas características para si mesmas. Um simples professor ensina sobre heróis. Um professor brilhante coloca os alunos no caminho para se tornar um.

Professores como O'Connor têm um magnetismo especial. Uma das coisas mais incríveis da natureza é o metal ferromagnético. Em um metal normal, os elétrons giram aleatoriamente, neutralizando qualquer energia. Mas, se uma força magnética entra em contato com o metal, alguns elétrons começam a girar na mesma direção. Quanto mais elétrons girarem na mesma direção, mais elétrons começam a seguir seu exemplo, aumentando a energia coletiva de todos eles. Esse fenômeno transforma um metal qualquer em um ímã potente. Professores como Brian O'Connor são como esse ímã: **quanto mais energia eles conduzem a uma direção positiva, maior é seu poder de atrair outras pessoas**.

Neste capítulo, você aprenderá a se tornar um ímã, atraindo as pessoas e ajudando-as a mobilizar a energia para atingir o Grande Potencial.

A maioria das pessoas sabe que, de acordo com a primeira lei do movimento de Isaac Newton, *um objeto em movimento permanece em movimento...* Mas então por que costuma ser tão difícil sustentar o nosso avanço no trabalho? Se a lei de Newton é verdadeira, uma vez que começamos a nos movimentar na direção de nossos objetivos, esse ímpeto não deveria continuar nos impelindo sem esforço até eles?

Para entender por que esse não é necessariamente o caso, imagine que você tenha participado de uma conferência e tenha se empolgado com uma nova ideia; um CEO carismático, uma iniciativa altruísta ou até um palestrante meio desajeitado falando sobre felicidade. Você sai da conferência cheio de energia e pronto para enfrentar o mundo com a sua equipe. Mas, quando chega ao escritório, aos poucos começa a sentir essa energia saindo do seu corpo e da sua mente, e o seu ímpeto inicial se transforma em um avanço penoso. Você começa a ressentir-se do trabalho e esquecer tudo o que tanto o empolgou naquela conferência. E o seu desempenho despenca. Sem uma força motivadora para sustentar o seu avanço, você não consegue manter o movimento e, para piorar, passa a avançar na direção oposta.

O problema não é que as leis de Newton não se aplicam ao mundo do trabalho. O problema é que eu só citei a primeira parte da primeira lei do movimento. A lei completa, que parece que só os engenheiros e os inspetores de segurança conhecem, afirma: um objeto em movimento permanece em movimento *a menos que seja levado a mudar de estado por forças desequilibradoras*. Sem uma força positiva nos impelindo a continuar, vamos desacelerando aos poucos por causa dos atritos da vida e das influências negativas do mundo.

Agora imagine voltar ao escritório depois daquela mesma conferência e um colega empolgado lhe perguntar como foi. Cheio de energia, você começa a contar tudo o que aprendeu, todas as novas ideias que teve, as histórias interessantes que ouviu e as pessoas que conheceu no *happy hour*. Sua mente não só está revivendo essas experiências e vinculando-as ao presente, como você acabou de usar o que aprendeu para inspirar uma pessoa. Você pode sentir como a sua energia é contagiante quando vê os olhos do seu colega brilharem enquanto ele sugere que vocês trabalhem juntos em um novo projeto baseado em uma das ideias que você acabou de descrever. E, de repente, você vê a sua energia e seu ímpeto se multiplicarem.

A explicação do departamento de física da Universidade de Boston para a primeira lei de Newton apresenta uma descrição resumida: "O trabalho pode ser positivo ou negativo. Se a força tiver um componente na mesma direção que o deslocamento do objeto, ela estará realizando um trabalho positivo. Se a força tiver um componente na direção oposta ao deslocamento, ela estará realizando um trabalho negativo". Em outras palavras, sem uma força para SUSTENTAR o movimento em direção aos seus objetivos, você será desacelerado pela inércia e pelos atritos da vida. Mas, quando impelido por uma força positiva, será fácil atrair cada vez mais energia e ímpeto para continuar avançando e, ao mesmo tempo, aumentando o seu poder de atrair os outros.

Quando percebemos que a nossa energia está interconectada com a energia das pessoas ao nosso redor, vemos que, quanto mais energia criamos no nosso ecossistema, mais potencial possibilitamos atingir. Neste capítulo, descreverei três estratégias práticas para mobilizar essa energia coletiva na direção dos seus objetivos:

> ESTRATÉGIA 1: Crie mais energia positiva com *Tours* de Propósito
> ESTRATÉGIA 2: Use o direcionamento vívido
> ESTRATÉGIA 3: Celebre as vitórias

Os primeiros quatro caminhos SEMEARAM o processo de crescimento, mas, para SUSTENTAR esse crescimento, precisamos manter em mente que o Grande Potencial é um alvo em movimento, não um destino fixo. Se nos permitirmos cair na complacência, nosso potencial desacelera. Neste capítulo, você aprenderá como SUSTENTAR o seu progresso criando um Círculo Virtuoso de energia positiva que vai elevar cada vez mais o teto do seu potencial.

Estratégia 1: crie mais energia positiva com *Tours* de Propósito

A mais ou menos 100 quilômetros ao norte de Washington, D.C., encontra-se o lendário Camp David, lugar onde os líderes do mundo se reúnem para resolver conflitos, superar atritos e unir forças para gerar a energia necessária para resolver alguns dos problemas mais difíceis e prementes do planeta. Camp David fica a apenas 25 minutos de helicóptero da Casa Branca, e os últimos presidentes dos Estados Unidos usaram o local muitas vezes e de várias maneiras. Ronald e Nancy Reagan gostavam da tranquilidade do local e iam para lá quando desejavam se afastar do mundo ruidoso e recarregar as baterias. O presidente Carter usou Camp David para abrigar os doze dias das negociações secretas de paz entre líderes israelenses e egípcios que resultaram na assinatura dos históricos Acordos de Camp David. Alguns presidentes quase não foram ao local, incluindo o presidente Trump, que o considera "rústico demais" em comparação com a agitação e o *glamour* de seu resort Mar-a-Lago, na Flórida. Outros presidentes visitaram o local com bastante frequência, como George W. Bush, que durante seu mandato passou 487 dias lá.[2] O presidente Obama foi o primeiro presidente a hospedar sua equipe no Camp David para um retiro de um dia com palestrantes motivacionais, e foi por isso que, em 2015, tive a honra de receber uma ligação da Casa Branca me convidando para dar uma palestra lá.

Por algum motivo desconhecido, nenhum dos dois aviões presidenciais estava disponível naquele dia para levar minha esposa e eu, então fomos obrigados a recorrer a uma opção quase tão elegante: alugamos um Honda Civic. (Minha esposa não riu nenhuma vez da minha piada de que era o nosso "dever cívico" ir dirigindo a Camp David. Entendeu? Honda *Civic*... dever *cívico*?) Se procurar "Camp David" no Google Maps e seguir as instruções, não vai encontrar o lugar. A rota que aparece na internet é intencionalmente imprecisa. Para chegar lá, nos mandaram por e-mail uma foto de um mapa desenhado à mão. Não devo revelar mais detalhes, mas posso dizer que, se você seguir o caminho certo, provavelmente vai achar que se deparará com uma emboscada no meio do caminho. O caminho nos levou uns 500 metros por uma estradinha sinalizada por placas cada vez mais sinistras: "Não entre", "Você está invadindo", "Invasores são passíveis de prisão perpétua", "Invasores serão recebidos à bala". A coisa só foi piorando até chegarmos à advertência: "Você entrou ilegalmente em uma base militar e está passível de pena de morte". Mesmo assim, seguimos em frente e, uns 30 metros adiante, fomos recebidos por uma plaquinha de madeira que parece ter sido feita por uma criança de 8 anos sem grandes inclinações artísticas na aula de artes: "Bem-vindo a Camp David". Depois que recebemos autorização para entrar, nosso "contrabando" (como o meu iPhone) foi confiscado por soldados armados até os dentes na guarita.

Quando a nossa identidade foi confirmada (provavelmente checada duas ou três vezes), o clima ficou menos pesado e um carrinho de golfe ostentando uma placa com o nosso nome (eu posso ou não ter levado a placa para casa e ela pode ou não estar na minha escrivaninha enquanto escrevo estas palavras), conduzido por um soldado simpático, chegou para nos levar a uma bela capela. Foi lá que esperamos nervosos enquanto ouvíamos o único outro palestrante do dia, nada menos que o almirante William Henry McRaven, que liderou o Comando de Operações Especiais Conjuntas na Operação Lança de Netuno, a missão que resultou na morte de Osama bin Laden, além de outras 10 mil missões (literalmente). Quando o almirante terminou sua palestra, que, tenho de dizer, elevou as expectativas da plateia de um jeito que nada que eu pudesse dizer estaria à altura, fiz minha apresentação e perguntei se alguém tinha algum comentário ou pergunta. O que as pessoas disseram tem tudo a ver com este capítulo.

O primeiro contexto relevante é que todas as pessoas que estavam naquela capela em Camp David (desde os funcionários do mais alto escalão até os menos experientes) eram funcionários temporários. Ou seja, ao contrário da grande maioria das minhas palestras, nas quais boa parte da plateia sabe que provavelmente estará no mesmo emprego em um ano, todos naquela sala sabiam que perderiam o emprego independentemente do resultado das eleições presidenciais. Como eles poderiam manter o ímpeto para cruzar a linha de chegada sem redirecionar toda a sua energia para descobrir qual seria "o próximo passo" em suas carreiras?

Deu para notar que muitos deles estavam achando difícil manter a motivação e o foco. Comecei tentando lembrá-los de que tinham um excelente emprego, observando que, sempre que faziam um telefonema, tinham o privilégio de dizer: "Aqui é o Bob, da Casa Branca". Tentei lembrá-los de que eles sempre sonharam em trabalhar na Casa Branca e que tiveram a sorte de estar realizando esse sonho. Só que ninguém se empolgou muito com as minhas tentativas fracassadas de inspirar.

Um participante falou que todos eles invejavam os cidadãos comuns, que podiam sair do trabalho às 6 da tarde e ainda curtir o resto do dia no parque enquanto eles tinham sorte se conseguissem sair do trabalho às 9 da noite, sabendo que precisariam voltar às 6 da manhã no dia seguinte. Outra participante contou que, com todo o estresse, a carga de trabalho e a politicagem interna, ela tinha perdido parte da empolgação profissional. Parece que até na Casa Branca é possível perder a motivação e a energia.

Mas, quando perguntei o que ainda os motivava, uma participante ergueu a mão e falou que adorava mostrar seu respeitável local de trabalho aos amigos ou a jovens aprendizes. Ela descreveu que, quando apresentava o lugar, apontando para os grandiosos retratos presidenciais, percorrendo os corredores fervilhantes de atividade, mostrando as elegantes salas de reunião onde tratados históricos foram assinados, as coisas das quais ela mais gostava no trabalho voltavam à tona.

Enquanto ela falava, foi como se seus olhos voltassem a se abrir depois de serem fechados para evitar os estilhaços do estresse do dia a dia. Assim que ela terminou de falar, o clima na capela mudou completamente. De repente, todos estavam concordando com a cabeça e as pessoas se puseram a contar como mostrar o lugar aos visitantes mudava sua relação com o trabalho. O simples ato de descrever como era trabalhar a poucos metros do Salão Oval e de mostrar a rica história do edifício aos visitantes permitia que se reconectassem com o *propósito* do trabalho. Bastava ver a empolgação e o maravilhamento nos olhos dos visitantes para lembrar aos funcionários do incrível privilégio de poder trabalhar lá, e eles acabavam sendo contagiados pelo fascínio dos visitantes.

É difícil acreditar que esses profissionais de elite possam usar algo tão prosaico quanto guiar visitantes em *tours* por seu local de trabalho como fonte de energia e motivação. Afinal, aquela plateia incluía generais condecorados, funcionários com o mais alto nível de autorização de segurança e conselheiros de algumas das pessoas mais poderosas do mundo, cujo trabalho diário é muito mais importante do que apresentar a Casa Branca. Como pessoas com tamanhas responsabilidades podem perder o propósito no trabalho? Porque objetos ou pessoas em movimento não permanecem em movimento a menos que sejam atingidos por forças desequilibradoras.

Nem todos nós precisamos trabalhar na Casa Branca para sermos submetidos a fontes de estresse e atrito que ameaçam dissipar nossa energia. Tanto na vida pessoal quanto na profissional, é muito fácil focar as tarefas diárias e esquecer que é uma bênção ter filhos que precisamos levar da escola ao caratê, que é um privilégio ter uma casa para limpar e um emprego para ir todo dia de manhã. Não estou tentando dourar a pílula do estresse resultante dessas responsabilidades. No entanto, quanto mais deveres temos, mais propósito precisamos encontrar. **Esse propósito é a "força desequilibradora" que nos mantém avançando, especialmente quando estamos atarefados ou estressados.** O que eu gosto de chamar de "*Tours* de Propósito" ajuda a sustentar essa energia nos conectando, ou nos reconectando, com o nosso propósito no trabalho.

Você não precisa trabalhar nos níveis mais elevados do governo federal nem no alto escalão de sua empresa para se beneficiar dos *Tours* de Propósito. Nem precisa fazer verdadeiras excursões, como as que apresentam a Casa Branca aos visitantes. A ideia é transformar as suas obrigações diárias nos *Tours* de Propósito.

Quando alguém pergunta o que fazemos da vida, é fácil responder descrevendo as nossas "obrigações": sou auditor e sou responsável por encontrar problemas em formulários contábeis; sou pesquisador e procuro padrões estatísticos; sou bilheteiro no metrô e vendo bilhetes aos passageiros. E por aí vai. Quando responde nesses termos, você não só está entediando as pessoas como está entediando seu próprio cérebro. Quem se empolgaria com esse trabalho? Como Amy Wrzesniewski, pesquisadora de Yale, argumentou, nosso engajamento, sucesso e energia – e, em consequência, nosso potencial – dependem de acharmos que o que fazemos não é "só um emprego", um meio de pagar as contas ou uma "missão" com algum significado.

Repense como você responderia ao ser perguntado o que faz da vida. Evite descrever seus deveres ou obrigações e tente falar sobre o propósito mais amplo do seu trabalho. Se for um advogado, seu trabalho não é *só* elaborar documentos jurídicos e cobrar os clientes, mas ajudar famílias a ter justiça ou fazer uma lei ser cumprida. Se for um professor, o seu trabalho não é *só* corrigir provas, mas ajudar a educar toda uma nova geração de pais e líderes. Se for um gari, seu trabalho não é *só* varrer ruas e parques, mas dar às gerações futuras a chance de conhecer a natureza.

A melhor maneira que conheço de se reconectar com o propósito é criar uma narrativa visual para seu trabalho. Por exemplo, peça aos membros de sua equipe ou seus familiares para lhe enviar fotos dos momentos mais importantes que eles passaram com você no ano passado e *imortalize* essas ocasiões em um álbum físico ou *on-line* (há diversos sites que facilitam a tarefa, que deve tomar apenas uns 15 a 30 minutos do seu tempo). Isso não só dará a você e à sua equipe uma injeção de ânimo como os deixará com uma *lembrança de propósito,* uma fonte de energia à qual você pode recorrer sempre que estiver com as baterias fracas. O poeta italiano Cesare Pavese escreveu: "Não lembramos os dias, lembramos os momentos". Eu iria mais longe e diria que, quanto mais você relembra os momentos importantes da sua vida, mais se beneficia deles. E, ao envolver as pessoas no seu *Tour* de Propósito, elas poderão se beneficiar do ímpeto e da energia coletiva.

A rede de varejo Zappos encontrou uma boa estratégia para gerar energia coletiva. Fui convidado para participar de uma reunião com todos os funcionários da empresa, e, quando desembarquei do avião, um funcionário do *call center* que tinha sido alocado para ser meu "guia turístico" já estava me aguardando no aeroporto. (Parece que os dois aviões presidenciais também estavam ocupados naquele dia...)

Como muitos leitores devem saber, a Zappos é famosa por convidar líderes empresariais do mundo todo para visitar suas instalações e aprender sobre a magia da empresa. Esses líderes aprendem lições importantes para criar uma cultura corporativa positiva em suas próprias organizações, mas o maior valor dessa tradição é ao mesmo tempo brilhante e oculto, porque as visitas são, na verdade, *Tours* de Propósito, e quem mais se beneficia são os próprios funcionários da Zappos. Assim como os trabalhadores da Casa Branca, quando veem importantes líderes empresariais percorrendo o *call center* e se maravilhando com a eficiência das operações, se contagiando com a energia positiva ou fazendo perguntas sobre como replicar as práticas da Zappos na própria empresa, os funcionários se lembram da sorte que têm de trabalhar num lugar com uma cultura tão incrível.

Não esqueça que a ideia do Grande Potencial é alavancar o poder das pessoas, e costuma ser mais fácil outros enxergarem o significado na nossa vida do que nós mesmos quando estamos no olho do furacão. Por isso, recrute alguns criadores de propósito para ajudá-lo a abrir os olhos para o que você está deixando de ver. Por exemplo, meu filho de 2 anos não dá a mínima para pesquisas científicas, mas ama caminhões de lixo. E eu o amo. Então, duas vezes por semana, saímos de casa de manhã cedo e ficamos na rua na esperança de vislumbrar seus heróis. Quando vemos os lixeiros chegando, Leo fica fascinado observando-os coletar o lixo. No começo, eles parecem simplesmente fazer seu trabalho, mas, assim que veem que Leo os está observando, absolutamente maravilhado, dá para ver um sorriso se formando no rosto deles. Eles começam a se mover com mais zelo e presteza e, muitas vezes, fazem questão de parar para compactar o lixo bem na nossa frente, só para arrancar aplausos e gritos do pequeno fã. Gosto de achar que eles mantêm essa injeção de ânimo no decorrer de seu dia de trabalho, e talvez até quando voltam para casa para ver os próprios filhos.

Então, quando fala sobre o seu trabalho e a sua vida, em qual tipo de *tour* você está levando as pessoas? Um *tour* deprimente ou um que aumenta a sua energia e fortalece o seu vínculo com o trabalho?

Lembre que, na ausência de uma força desequilibradora, as pessoas em movimento nem sempre permanecerão em movimento. Mas a energia não basta para nos impelir ao Grande Potencial. Se quisermos sustentar o nosso ímpeto, também precisamos saber para qual sentido ir. Mesmo se o caminho nos levar a lugares onde pouca gente espera encontrar um propósito duradouro... como Las Vegas.

Estratégia 2: use o direcionamento vívido

Dizem que o que acontece em Las Vegas fica em Las Vegas, mas espero que isso nem sempre seja verdade. De outra forma, seria muito estranho as empresas escolherem a cidade para fazer conferências com a finalidade de instruir ou motivar seu pessoal. Em uma conferência lá, ouvi um CEO tentando motivar seus 3 mil funcionários com banalidades vagas como "Sei que podemos conseguir", "Podemos fazer ainda mais este ano" e "O nosso futuro será brilhante". Passando os olhos pelos funcionários famintos por um direcionamento claro, notei que o discurso vazio do CEO ia do nada a lugar nenhum. Os funcionários ouviram inexpressivos, rindo e aplaudindo apenas o suficiente para satisfazer a pessoa que, no fim das contas, decidia o salário deles.

Quando um diretor subiu ao palco para fazer algumas breves observações (o que basicamente deu à plateia a chance de checar as mensagens no celular), as pessoas já não tinham ânimo, e os cérebros começaram a divagar e se desligar. Então um gerente sênior, não um integrante do alto escalão, recebeu meros 15 minutos para falar.

A energia da sala começou a mudar assim que aquele objetivo e direto gerente subiu ao palco e começou a descrever seu trabalho com diferentes departamentos da empresa para criar um plano de cinco pontos para os próximos seis meses. A apresentação do gerente foi específica e detalhada, ao contrário do discurso vago do CEO, que incluiu clichês do tipo "Vamos aumentar os lucros". Para cada item da apresentação, o gerente detalhou como seria o sucesso. "Quando implementarmos a tecnologia X por toda a empresa, os processos serão afetados assim e assim, e vocês verão tais e tais melhorias. Ao aplicarmos a estratégia Y, esperamos que tais cidades ganhem isto, que usaremos para comprar anúncios em determinados tipos de publicação, aumentando as vendas nessas categorias específicas. Quando alcançarmos o sucesso, terão a chance de interagir com clientes encantados e as pessoas vão postar esse e aquele tipo de comentário sobre vocês e a nossa empresa nas mídias sociais."

Foi incrível. Eu nem trabalhava naquela empresa e mesmo assim tive uma imagem bem nítida de como o meu engajamento, meu desempenho e meus resultados melhorariam com as mudanças propostas se eu trabalhasse lá. Apesar da velocidade vertiginosa na qual o gerente foi obrigado a falar para apresentar todos os detalhes de seu plano em apenas 15 minutos, os aplausos foram estrondosos.

No fim do dia, fui ao coquetel da conferência. Foi fácil me aproximar do CEO, que só estava acompanhado de um punhado de gatos-pingados, e ainda mais fácil abordar o diretor que falou depois do CEO, que, como seria de esperar, estava bebendo sozinho. Mas eu não consegui de maneira alguma me aproximar do gerente sênior, pois ele estava cercado de uma multidão de colegas que queriam cumprimentá-lo pela apresentação inspiradora. Ficou claro que a breve palestra deu aos funcionários a injeção de ânimo necessária para eles vencerem a apatia e a inércia que eu tinha testemunhado antes.

Numa era de mídias sociais hipercríticas, algumas empresas temerosas optaram por contratar CEOs "políticos". Eles são deliberadamente vagos e não dão muitos detalhes, são insípidos demais para provocar qualquer escândalo e vagos demais para atrair polêmicas. O problema desses executivos é que eles não conseguem contagiar as pessoas com qualquer tipo de energia, motivação ou direção. Mas estava claro que aquele gerente sabia muito bem que a magia está nos detalhes, que a diferença entre discursos motivacionais vazios e a energia sustentável começa ajudando as pessoas a visualizar exatamente como esse "futuro brilhante" pode ser.

Se você for uma pessoa literal ou pragmática, pode precisar de uma boa dose de ceticismo sobre o poder da visualização para sobreviver a esta seção do livro. Estou certo de que muitos leitores acham que visualizar o sucesso não passa de uma desculpa de pessoas preguiçosas, incapazes de arregaçar as mangas e fazer alguma coisa para concretizar o sucesso, mas a visualização envolve muito mais do que simplesmente se sentar e imaginar um futuro cor-de-rosa. Diversas pesquisas sugerem que as imagens mentais podem ter um enorme impacto sobre as nossas ações.

Pesquisas conduzidas em Oxford e Cambridge, por exemplo, sugerem que a capacidade de imaginar *com nitidez* detalhes sobre um futuro brilhante aumenta muito a nossa energia e o nosso ímpeto, o que leva, por sua vez, a ações construtivas. Quando somos capazes de imaginar exatamente aonde queremos chegar, podemos nos direcionar a esse futuro brilhante que vislumbramos.[3]

Isso acontece em grande parte porque, quanto maior for o nível de detalhes com os quais visualizamos um objetivo, mais viável ele se torna. Em um livro que torna um esporte chato menos chato, *Golf My Way*, Jack Nicklaus, uma lenda do golfe, descreve sua prática de visualização detalhadamente. Observe como as imagens são vívidas. Ele vai muito além de "Eu visualizo a bola entrando no buraco":

> *Eu nunca dou uma tacada, nem em uma sessão de treino, sem ter uma imagem bastante nítida e focada na minha cabeça. É como um filme colorido [destaque meu]. Eu começo visualizando a bola no local onde quero que ela seja lançada, branca e reluzente sobre a grama fresca e verdejante. A cena muda rapidamente, e eu "vejo" a bola sendo lançada até aquele ponto: seu caminho, sua trajetória e seu formato, inclusive seu comportamento ao cair. A imagem desaparece aos poucos, e a próxima cena me mostra*

> *dando o tipo de tacada que transformará as imagens anteriores em realidade. É só no fim desse espetacular curta-metragem de exibição privada que escolho um taco e me aproximo da bola.*[4]

Essa tática é muito mais que um mero ritual excêntrico. Dados concretos demonstram que visualizar um sucesso aumenta suas chances de torná-lo realidade. Pesquisas comprovam que, se você visualizar a bola de basquete entrando na cesta, as suas chances de acertar o lance aumentam levemente.[5] E, ainda mais expressivo, caso você se visualize acordando às 5 da manhã para treinar, se visualize praticando os lances e imagine a sensação da bola nas suas mãos logo antes do lance, as suas chances de fazer a cesta aumentam ainda mais. Descobri que, quando pessoas que têm medo de falar em público se visualizam nitidamente do ponto de vista de uma terceira pessoa (como uma pessoa sentada na plateia), falando com competência e confiança, a ansiedade cai acentuadamente, resultando em uma apresentação mais confiante e competente.

Chamamos essas visualizações de "simulações perceptivas",[6] e os pesquisadores ainda estão investigando até onde vai seu poder. Por exemplo, estou trabalhando com o Center for BrainHealth, em Dallas, para ver como a realidade virtual, que facilita a visualização de um futuro melhor, poderia afetar militares que sofrem de transtorno de estresse pós-traumático ou alunos autistas ou com problemas de aprendizagem. Com base em pesquisas conduzidas por Simon Blackwell e sua equipe, que constataram que, ao aumentar a nitidez das nossas imagens mentais de um futuro melhor, é possível ajudar as pessoas não só a serem mais otimistas como também a atingir um maior bem-estar emocional e físico,[7] acreditamos que, com simulações de realidade virtual (usando as imagens mais vívidas possíveis) de interações ou ambientes sociais positivos, o cérebro pode efetivamente aprender a criar uma imagem esperançosa do futuro.

Além disso, Tali Sharot, pesquisadora da Universidade de Nova York, e seus colegas publicaram um estudo em um dos periódicos acadêmicos de maior prestígio, a revista *Nature*, revelando que, quanto mais detalhada for a visualização, mais efetivamente *sentimos* as emoções específicas desse estado futuro em nível neurológico.[8] Ao imaginar a alegria que sentiremos ao ganhar aquela promoção, por exemplo, efetivamente conseguimos ter uma "pré-experiência" dessa alegria.[9] Isso, por sua vez, nos dá a motivação e a direção das quais precisamos para que esse futuro se concretize. Imagens vívidas são como ímãs nos puxando na direção desse futuro melhor.

É a nitidez da visualização que muda o comportamento. Por exemplo, na véspera das eleições presidenciais de 2004 nos Estados Unidos, pesquisadores conduziram um estudo brilhante no qual encorajaram as pessoas a se visualizar – com nitidez e do ponto de vista de uma terceira pessoa ou de um ângulo de cima – votando. A teoria era que, se as pessoas pudessem "se ver" entrando na cabine de votação, preenchendo a cédula e assim por diante, elas seriam mais propensas a ir votar.[10] Com efeito, o estudo constatou que, no dia seguinte, um número maior de pessoas que se visualizaram dessa forma foi votar em comparação ao grupo de controle.

Por incrível que pareça, pesquisas conduzidas na prestigiosa Cleveland Clinic sugerem que o simples ato de visualizar comportamentos saudáveis, como fazer exercícios físicos, pode ter efeitos semelhantes aos próprios comportamentos. Guang Yue comparou pessoas que passaram um determinado número de horas por semana se exercitando na academia com pessoas que passaram o mesmo período realizando um vívido "exercício virtual" mental. Como era de esperar, as pessoas que efetivamente se exercitaram tiveram aumento de 30% de massa muscular. O que surpreendeu foi que *as pessoas que só se exercitaram mentalmente tiveram um aumento de 13,5% de massa muscular*, sem levantar nenhum peso. Esse resultado se manteve nos três meses seguintes. Isso comprova que ainda não exploramos todo o poder de visualização do nosso cérebro.

Visualize rotas para o sucesso em vez de rotas de fuga

Na faculdade, quando uma garota de quem eu gostava muito terminou o namoro comigo, meu pai, um neurocientista, tentou me consolar dizendo: "Filho, o seu único problema é que você tem um bilhão de neurônios apontando na direção errada". Foi a coisa mais esquisita que já me disseram depois de uma decepção amorosa, mas hoje entendo o que ele quis dizer. Eu tinha ficado tão bom em imaginar minha ex com seu novo namorado – sentados juntinhos num canto aconchegante de um restaurante romântico, se beijando apaixonadamente ou se divertindo ao fazer compras em um supermercado – que meu cérebro já tinha começado a acreditar que essa versão do futuro era real. (Não era.)

Da mesma forma como visualizações positivas nos ajudam a direcionar a energia para bons resultados, visualizar um futuro negativo pode bloquear totalmente a nossa energia. É por isso que a palestrante e autora Brené Brown recomenda evitar o que ela chama de "ensaios da tragédia" ou, em outras palavras, vivenciar mentalmente uma tragédia em um futuro hipotético como se fosse um evento real. Posso dizer que tenho essa tendência. Às vezes, quando vou para cama, penso no que aconteceria se um intruso entrasse em casa. Penso em como ele poderia tentar atacar Leo, nos objetos que eu poderia pegar para me defender ao entrar no quarto de meu filho e se eu fugiria pelo telhado com Leo. E se o telhado estivesse molhado e escorregadio? Será que eu tentaria pular no chão levando o Leo no colo, arriscando quebrar as pernas e não conseguir correr mais? Só de escrever isso, meu coração já bate mais forte, meu corpo está ensaiando mentalmente para a possibilidade de um intruso entrar em casa. Mas minha casa nunca foi invadida, e provavelmente isso nunca acontecerá. Pode até ser bom tomar algumas precauções para o caso de uma ocorrência tão improvável, mas, quando usamos todo o nosso tempo e recursos mentais imaginando rotas de fuga, muitas vezes deixamos de planejar as *rotas para o sucesso*.

Em vez de ficar imaginando esse cenário de pesadelo, seria melhor eu pegar no sono pensando em coisas divertidas que eu e a minha família poderíamos fazer no fim de semana ou em novas maneiras de ensinar o alfabeto ao Leo no dia seguinte. Teria sido muito mais produtivo e uma direção muito mais saudável para canalizar a minha energia mental.

Positiva ou negativa, quanto mais vívida for a visualização, mais real ela parecerá. Pesquisas demonstram que, quanto mais real a visualização parecer, maiores serão as chances de afetar nosso comportamento.[11] **Só quando reconhecemos esse fato é que podemos começar a passar de um círculo vicioso, no qual as nossas imagens mentais alimentam o nosso medo, a uma imagem de um mundo que nos fortalece.**

Então, em vez de ensaiar a tragédia, por que não ensaiar o sucesso? Mas, assim como nenhum ator dramático pode fazer sozinho um ensaio geral de uma peça, para criar ímpeto suficiente para SUSTENTAR os ganhos do Grande Potencial, precisamos ensaiar o sucesso também com as nossas equipes, amigos e familiares.

Use o poder de uma boa história

Qualquer bom jogador de tênis, ou até um jogador incrivelmente medíocre como eu, sabe que o segredo para vencer é primeiro visualizar aonde você quer que a bola vá, fazer um bom contato da raquete com a bola e finalizar o movimento. No entanto, muitos líderes, inclusive aquele CEO a cuja palestra assisti em Las Vegas, só têm uma imagem vaga do ponto aonde querem levar a empresa ou equipe. Eles deixam de se conectar com seus funcionários, sem conseguir inspirá-los, e não vão até o fim por acreditar que já fracassaram. Se o líder se limitar a dizer "O nosso futuro será brilhante", sem dar nenhum detalhe, ele muito provavelmente não vai conseguir se conectar emocionalmente com a equipe. Como o guru da administração Peter Senge escreveu nos anos 1990: "Uma visão sem o pensamento sistêmico acaba pintando belos cenários do futuro sem uma profunda compreensão das forças que devem ser dominadas para chegar lá... Mas o pensamento sistêmico também precisa de uma visão compartilhada, modelos mentais, aprendizado em equipe e destreza pessoal para concretizar seu pleno potencial".[12]

Líderes empresariais, professores, políticos e pais que ambicionam desenvolver uma visão compartilhada, criar modelos mentais e promover o exercício em equipe podem aprender como os melhores autores usam as palavras para evocar imagens vívidas na mente dos leitores. Limitar-se a dizer "Era um dia escuro e chuvoso" não é tão eficaz quanto descrever como "as gotas de chuva batiam no vidro da janela" ou como "um pianista toca as teclas de seu piano em um recital".

Se quisermos que as pessoas se empolguem com o direcionamento que estamos propondo, precisamos criar uma visão empolgante e positiva para o futuro. Um gerente pode tentar descrever os e-mails efusivos que os funcionários receberão de clientes encantados e gratos depois da realização do novo treinamento de atendimento ao consumidor; o líder de uma organização sem fins lucrativos pode mostrar fotos de pessoas sorridentes e descrever como uma nova iniciativa de arrecadação de fundos pode melhorar a vida delas; ou um técnico esportivo pode descrever os aplausos estrondosos da torcida quando o time finalmente vencer o campeonato depois de uma série de derrotas.

Um pai ou uma mãe que se limita a dizer "Pense em como ficará orgulhoso se tirar uma nota boa na prova" ou "Imagine a sua felicidade quando entrar na faculdade" não está inspirando tanto o filho a se destacar na escola quanto o pai ou a mãe que consegue descrever uma imagem vívida do filho em cima do palco como orador da turma, fazendo o discurso na cerimônia de formatura do ensino médio, ou do filho entrando na lojinha do campus para comprar a primeira blusa com o logo da faculdade que vai usar para se aquecer enquanto lê um livro sentado num banco em frente à biblioteca. Não basta falar sobre a possibilidade de um futuro brilhante, é preciso ajudar seu filho a vislumbrar esse futuro.

Tive a chance, na véspera de uma palestra em Milão, de jantar com Martin Seligman, pai da psicologia positiva, da Universidade da Pensilvânia, e Barry Schwartz, autor do genial livro *O paradoxo da escolha*. Em um ponto da conversa (durante a qual fiquei nervoso demais para proferir uma palavra sequer), o dr. Seligman proferiu estas sábias palavras: "A ação não é impelida pelo passado, mas **puxada pelo futuro**". Para dizer a verdade, eu não concordei na hora, mas agora entendo o que ele quis dizer. Somos atraídos, como um ímã, por imagens vívidas do que pode acontecer.

Uma das maneiras mais eficazes e mais estudadas de criar uma imagem vívida do futuro é escrever. O ato de elaborar conscientemente a narrativa de um evento (passado ou futuro) canaliza a nossa energia nessa direção. Em um estudo, a pesquisadora Laura King descobriu que, quando as pessoas escreveram sobre seu "melhor *self* possível" (quem elas ambicionam se tornar e acreditam ser possível), sua saúde e seu bem-estar melhoraram consideravelmente.[13] Em uma pesquisa conduzida por Kristin Layous, Katherine Nelson e Sonja Lyubomirsky, quando os participantes foram solicitados a escrever uma vez por semana sobre o melhor *self* possível que conseguiam imaginar, depois de um mês, esse simples exercício melhorou consideravelmente seu bem-estar físico, sua felicidade e seu nível de conexão interpessoal (os fatores mais importantes para sustentar o potencial).[14] Então, se você tiver objetivos que gostaria de atingir, no trabalho ou na sua vida pessoal, escreva sobre eles! Use as imagens mais vívidas que puder. Imagine que está escrevendo o roteiro para um megassucesso de Hollywood, estrelado pelo seu melhor *self*.

Essas técnicas nos ajudam mais do que simplesmente sustentar os ganhos por algum tempo. Imaginar visualizações vívidas de um futuro positivo leva a ganhos duradouros. Em um estudo de pessoas sofrendo de depressão clínica, a visualização de imagens cada vez mais vívidas do futuro não só aumentou o otimismo e reduziu a depressão como os efeitos se mantiveram por pelo menos sete meses.[15]

Essa descoberta é importantíssima. Escrevo estas palavras na esteira de uma tumultuada eleição presidencial nos Estados Unidos na qual os dois candidatos alegam ser incapazes de vislumbrar qualquer coisa além de quatro a oito anos absolutamente desastrosos se o opositor vencer a eleição. Esse tipo de atitude drena a nossa energia e só aumenta as chances de nossos temores se tornarem realidade. Somente quando podemos efetivamente *nos ver* superando as dificuldades da vida é que podemos sustentar nossas ações para criar um mundo melhor.

Estratégia 3: celebre as vitórias

Hoje mesmo parei um pouco de escrever e fui passear pelo bairro para espairecer. Passei por um quintal que tinha sido decorado com cartazes e balões, e em um dos vidros do carro estacionado na frente tinha sido escrita a frase "Boa sorte na final!", acompanhada do desenho de uma bola de futebol. Sem perceber, me peguei sorrindo. Aquilo me fez lembrar com saudosismo dos meus dias de futebol no ensino médio, ou, mais precisamente, dos dias que passei fazendo uma maratona da série *Friday Night Lights*, sobre o time de futebol americano de uma escola.

Não importa se fomos a estrela do time ou se passamos as noites de sábado vendo TV, o ensino médio foi um período difícil e confuso para todos. Não posso dizer que sinto falta dos hormônios descontrolados, das fofocas ou dos dramas amorosos, mas tenho saudades das pessoas torcendo e celebrando as vitórias do grupo. Afinal, quando foi a última vez que alguém colocou um cartaz na sua porta com os dizeres "Boa sorte na sua reunião de vendas!" ou organizou uma festa quando você entrou em um novo emprego? A questão é que não basta buscar atingir o Grande Potencial, também precisamos celebrá-lo.

Se não celebrar suas vitórias, você não estará vivendo a vida em sua plenitude. Se atingir um sucesso no trabalho ou em qualquer outro contexto e deixar de celebrar essa conquista com as pessoas que o ajudaram a chegar lá, no fundo não estará tendo sucesso, estará adotando sem querer a mentalidade do Pequeno Potencial, de que as vitórias pertencem a apenas uma pessoa. E sabemos que os ganhos do Grande Potencial são vitórias coletivas e merecem ser celebradas.

Pense nos momentos mais felizes e memoráveis da sua vida. Para a maioria das pessoas, todos esses momentos têm uma coisa em comum: a presença de amigos ou entes queridos. São festas de casamento, grandes ou pequenas. Festas de aniversário, churrascos à beira da piscina, piqueniques. São almoços de domingo, chás de bebê e cerimônias de premiação. Nos lançamentos dos livros *O jeito Harvard de ser feliz* e *Before Happiness*, minha irmã, Amy, fez um bolo no formato de livro aberto e o decorou com cobertura nas cores laranja e preta para remeter às capas das edições americanas (é claro que ela fez questão de incluir um pequeno unicórnio para deixar sua marca). Sinceramente, grande parte do que me motivou a escrever este livro é ganhar outro bolo daquele. As celebrações são o que nos motivam, porque elas não só dão destaque a uma ocasião marcante como, ao mesmo tempo, *são*, por si sós, um momento importante na nossa vida.

Quando entrei na faculdade de teologia, eu achava que os maiores santos eram os que mais se sacrificavam. Afinal, livrar-se das posses materiais não é um dos fatores fundamentais para uma vida santa? A Bíblia está cheia de histórias de pessoas que doaram todos os seus bens terrenos aos pobres ou passaram quarenta dias jejuando no deserto. Porém, quanto mais eu aprendia, mais comecei a perceber que, na vida, festejar deve ser tão sagrado quanto jejuar. Os jejuns nos lembram de que precisamos ser desapegados, focados e humildes. As celebrações nos lembram do quanto conseguimos avançar e reforçam o nosso desejo de continuar seguindo em frente.

Celebre as pequenas vitórias

Em um hospital da Califórnia com o qual trabalhei, cada vez que um paciente de câncer entrava em remissão, alguns enfermeiros celebravam a notícia organizando um chá da tarde. A notícia se espalhou e outros funcionários e médicos pediram para participar. Em pouco tempo, ex-pacientes ficaram sabendo dessas "festas de remissão" e também pediram para participar de alguns eventos. Faz muito sentido. Todo mundo quer celebrar uma grande vitória, e poucas vitórias são maiores que um câncer em remissão. Mas a questão é que não devemos celebrar apenas as grandes vitórias, mas até aquelas que parecem pequenas.

Costumamos esperar algum acontecimento importante – o nascimento de um bebê, uma grande promoção ou uma formatura, por exemplo – para celebrar as pessoas que nos ajudaram, e, embora todas essas coisas sem dúvida devam ser comemoradas, por que as festividades acabam se restringindo aos ocasionais eventos importantes da nossa vida? Em *O jeito Harvard de ser feliz*, explico que os dois maiores motivadores para atingir os nossos objetivos são sentir que estamos progredindo e que estamos nos aproximando da linha de chegada. E é nos momentos em que achamos que ainda estamos longe de alcançar o objetivo que é mais importante celebrar cada pequeno passo que damos.

Minha esposa, Michelle, e eu vimos em primeira mão o poder de celebrar as pequenas vitórias no caso de uma amiga nossa, que estava começando se frustrar com o marido que colaborava pouco em casa. Os dois trabalhavam fora, e, enquanto ela chegava do trabalho e ia fazer o jantar e cuidar das crianças, ele normalmente só caía no sofá para ver TV. No começo, ela tentou pedir-lhe para fazer uma ou outra tarefa doméstica, mas em geral era mais fácil ela mesma fazer tudo sozinha do que convencê-lo. Quanto mais se frustrava, mais ela o atazanava. E foi então que ela percebeu que estava canalizando sua energia na direção errada. Não só estava sendo incapaz de motivá-lo a ajudar como ele acabava se irritando e afundando ainda mais no sofá. Esse é um exemplo clássico de um círculo vicioso.

Michelle sugeriu que nossa amiga lançasse uma campanha de celebração por uma semana com o marido. Durante sete dias, em vez de importunar o marido, nossa amiga o elogiou ativamente por tudo o que ele efetivamente *fazia* na casa. (Nós a orientamos a evitar o sarcasmo na voz ao fazer os elogios.) Ela achou a ideia maluca, mas resolveu tentar mesmo assim. Em vez de apontar para os equipamentos de pesca e roupas de basquete dele espalhados, ela dizia: "Nossa, você ajudou muito quando brincou com as crianças hoje". Ou, em vez de resmungar que ele nunca ajudava na cozinha, ela dizia: "Obrigada por pedir a pizza. Foi uma ótima ideia". Ela passou uma semana inteira reforçando a ideia de que ele estava colaborando.

Você deve estar imaginando que todo esse *feedback* positivo o levou a achar que já estava ajudando bastante e podia se dar ao luxo de relaxar. Mas aconteceu o contrário. Na quinta-feira daquela semana, ele consertou uma mangueira que tinha passado dois meses vazando. No sábado, limpou a mesa, algo que, segundo a nossa amiga, ele só fazia quando a mãe os visitava. Por quê? Ele foi levado a concretizar a nova imagem que a esposa lhe atribuíra. Com a ajuda dela, ele passou a se ver como um marido presente e, como uma consequência natural, passou a efetivamente fazer as tarefas domésticas.

O simples ato de celebrar uma pessoa ou uma equipe pelo companheirismo, por seus pontos fortes ou por suas contribuições no dia a dia (por menores ou aparentemente insignificantes que sejam) reforça uma autoimagem empoderada e ajuda a criar uma imagem vívida de si mesma como merecedora de felicidade e sucesso. Celebrar uma pessoa por ser gentil, criativa ou empenhada a ajuda a ter uma imagem vívida de si mesma como uma pessoa gentil, criativa ou empenhada. Ao fazer isso, você se transforma em um ímã, ajudando a atrair cada vez mais energia nessa direção.

Você pode tentar essa abordagem com seu chefe, com seus colegas ou até com seus filhos. Deu certo com Leo, que odeia ir dormir. No começo, a tática era sermos firmes. Mas sempre que dizíamos algo como "Tudo bem, é hora de ir dormir", a resposta dele era "Não. Na sala. Caminhão". Mas, quando começamos a elogiá-lo por ir para a cama e a preparar cafés da manhã comemorativos quando ele passava a noite toda dormindo, tudo mudou. Hoje em dia, ele vai para a cama por conta própria porque está tentando corresponder à sua nova autoimagem de um menino que dorme bem à noite.

Um estudo fascinante conduzido por Adam Grant, da Wharton Business School, mostra que celebrar o lado bom das pessoas pode efetivamente "puxá-las" na direção de fazer *mais* boas ações para melhorar o mundo. Especificamente, o estudo se voltou a procurar maneiras de aumentar a generosidade desses indivíduos. Um método investigado, que a maioria das pessoas achou que daria certo, era pedir ao participante para reservar um tempo para pensar em três atos de generosidade que ele *recebera* de alguém no passado. A hipótese era que lembrar a generosidade recebida o levaria a querer ser mais generoso (passar a generosidade adiante ou retribuir a generosidade ao doador original). Mas os resultados não impressionaram. Foi então que os pesquisadores decidiram inverter a equação. Pediram aos participantes para pensar em três ocasiões nas quais foram generosos *com alguém*. Mudando a abordagem, constataram que os participantes que foram solicitados a pensar nos próprios atos de generosidade acabaram sendo muito mais generosos do que os participantes que pensaram em atos de generosidade que receberam de alguém. Isso aconteceu porque, quando os participantes lembraram seus atos de compaixão e generosidade, criaram uma imagem mental de si mesmos que precisavam justificar, como aconteceu com o marido da nossa amiga e com meu filho. No caso, a imagem foi: "Sou uma pessoa generosa, e as pessoas generosas demonstram sua generosidade".

Então, se quiser alcançar o Grande Potencial, escolha uma pessoa do seu ecossistema (no trabalho ou em casa) e, durante uma semana, tente não ligar para o que ela está fazendo de errado. Em vez disso, elogie o que está fazendo certo. Assim, perceberá que os benefícios não param por aí: pode ser bom para você também! Como vimos no Capítulo 5, sobre EXPANDIR os seus recursos, o que o cérebro nota acaba sendo reforçado. Procurar ativamente por coisas novas para celebrar nessa pessoa também vai mudar a imagem que você faz dela. Em vez de só ver as coisas irritantes, você nota o lado bom da pessoa.

Celebre os pontos fortes

Uma vez que você nota os pontos fortes das pessoas e os celebra, coisas incríveis começam a acontecer. Quando 400 funcionários trabalhando em 54 equipes no centro de distribuição de peças da Toyota nos Estados Unidos passaram por um programa de um ano concebido para celebrar seus pontos fortes e seus sucessos, a produtividade aumentou 6% (um aumento enorme se comparado com a variação média anual, que gira em torno de −1% a 1%). E as duas equipes que passaram por um programa ainda mais focado nos pontos fortes tiveram um aumento de produtividade de 9% depois de apenas seis meses.[16]

Uma metanálise de 65 organizações descobriu que as que celebravam os pontos fortes e os sucessos se beneficiavam não só de maior engajamento dos funcionários, mas também de um aumento anual médio da produtividade de mais de US$ 1.000 por funcionário. Esse número se traduz em ganhos de mais de US$ 1 milhão por ano para uma organização com mil funcionários e mais de US$ 5,4 milhões em média para todas as empresas que participaram do estudo.

Um estudo realizado no St. Lucie Medical Center, na Flórida, sugere que essas abordagens também poupam dinheiro às empresas ao reduzir a rotatividade de funcionários. Depois que os 700 funcionários do centro médico passaram por um programa de dois anos com foco nos pontos fortes, a rotatividade de pessoal caiu 50% (e a satisfação dos pacientes aumentou 160%).[17]

O problema é que a maioria das empresas passou muito tempo se concentrando nos pontos fracos dos funcionários em seus programas. Com base no que vimos no Capítulo 5, sobre EXPANDIR os seus recursos, gerentes tendem a focar no que os funcionários precisam melhorar, e os funcionários recebem um treinamento adicional nessas áreas. No entanto, esse tipo de abordagem acaba reforçando os problemas, em vez de corrigi-los. Ao mostrarem aos funcionários uma imagem de si mesmos como pessoas que precisam ser "consertadas", esses chefes sem querer canalizavam a energia das pessoas para a direção errada.

Se o chefe manda um funcionário fazer um curso de "técnicas de apresentação em público", por exemplo, o funcionário pode achar que suas apresentações são terríveis e, inconscientemente, começar a agir de forma a confirmar essa imagem. Nosso desejo de agir de acordo com a autoimagem que temos, ou de evitar o que os psicólogos chamam de *dissonância cognitiva*, pode ser muito mais forte do que qualquer técnica que podemos aprender em um curso de um dia.

Não é de surpreender, portanto, que muitas empresas estejam elogiando seus funcionários em vez de tentar "consertá-los". Quando eu estava elaborando o curso on-line sobre a felicidade para a rede OWN, da Oprah, convidei a diretora de aprendizagem e desenvolvimento da McKinsey & Company para uma entrevista na minha casa. Ashley Williams é uma líder de aprendizagem corporativa extraordinariamente inovadora e eficaz, e também é a humildade em pessoa e dá os créditos de seus sucessos à sua equipe (como um Prisma de Elogios). Durante a entrevista, ela me contou como a McKinsey, conhecida por ser uma das empresas mais competitivas do mundo, descobriu que o seu famoso estilo de avaliação de desempenho do tipo "destruir para construir" estava reduzindo o desempenho, aumentando o estresse e afastando os talentos.

A McKinsey se orgulha de ser orientada aos dados, de modo que se propôs a testar o tipo de avaliação de desempenho que levaria a resultados melhores. Foi assim que descobriu que canalizar mais energia e atenção aos pontos fortes, em vez de aos pontos fracos, era muito mais eficaz em termos de satisfação do cliente, retenção de talentos e engajamento dos colaboradores. O único problema era que os velhos hábitos já tinham criado raízes na cultura da empresa, especialmente entre os colaboradores que subiram na hierarquia com a mentalidade do "destruir para construir". Em vista disso, a empresa criou vídeos com os parceiros de maior sucesso exemplificando como voltar a avaliação de desempenho aos pontos fortes dos funcionários. Adorei a ideia por duas razões: para começar, a McKinsey demonstrou que é possível mudar uma antiga mentalidade arraigada em uma organização; em segundo lugar, os vídeos mostram que apresentar às pessoas uma imagem vívida dos possíveis resultados de uma mudança pode ajudá-las a encontrar novas maneiras de celebrar as vitórias. Ao fazer isso, a empresa conseguiu unir duas estratégias numa só!

Você não precisa ser chefe nem trabalhar no departamento de recursos humanos para encontrar maneiras de celebrar os sucessos no trabalho. Qualquer um pode organizar um almoço mensal (não precisa ser extravagante, basta pedir algumas pizzas, por exemplo) para celebrar as vitórias da equipe. Qualquer um pode planejar um *happy hour*, depois de uma semana especialmente difícil, para celebrar o empenho das pessoas ou só para aliviar a tensão. A vantagem dessa estratégia é que é incrivelmente fácil encontrar motivos e maneiras de celebrar.

Celebre o propósito

George Clooney, que tem uma casa na região do Lago de Como, na Itália, disse: "Acho que os italianos levam a vida melhor que os americanos. A Itália é um país mais maduro, e os italianos aprenderam a celebrar as refeições, enquanto os americanos comem rápido, como se fosse uma obrigação".[18] Ele tem razão. Quando estamos presos no frenético turbilhão da vida profissional e pessoal, não raro nos esquecemos de parar para celebrar os simples prazeres, como uma boa refeição. Eu iria mais longe e acrescentaria que precisamos celebrar não só o alimento que dá sustento ao nosso corpo, mas também o propósito que alimenta e sustenta nossa alma e nosso espírito.

Depois de ouvir uma palestra que dei a 5 mil enfermeiros de UTI em Boston, Anne Weaver, do Memorial Medical Center da Universidade de Massachusetts, encontrou um jeito de celebrar seu propósito em meio a todas as dificuldades e atribuições do trabalho na UTI: ela e outros três enfermeiros resolveram criar um "comitê da felicidade". Uma das invenções mais brilhantes do comitê foi um jogo que eles chamam de Celebre Você e Eu. As regras são simples: todos os funcionários da UTI foram convidados a escrever um elogio para um outro funcionário do setor e um elogio para si mesmos. Por exemplo, Anne poderia escrever: "Sharon, sempre muito ocupada, conseguiu alguns minutos para me ajudar. E eu usei o humor para tranquilizar e reconfortar um pai preocupado porque seu filho estava na UTI". O funcionário que recebesse mais elogios no mês ganhava US$ 100 (que seriam doados a uma instituição de caridade).

O exercício não só reforçou a união das equipes como também contou com outro benefício importantíssimo. Nos trinta segundos que as pessoas levavam para participar, elas eram forçadas a pensar em algum elogio aos colegas *e* a encontrar algo a ser elogiado em si mesmas. Apesar de ser muito importante celebrar as vitórias alheias, não temos como atingir o Grande Potencial se não celebrarmos as nossas próprias.

Ao longo deste livro, vimos que o sucesso e o potencial são interligados e que ajudar as pessoas ao nosso redor também nos ajuda a alcançar níveis de sucesso e potencial mais elevados. Não é por acaso que somos instruídos a colocar a nossa máscara de oxigênio antes de tentar ajudar os outros no caso de um acidente de avião: se não tivermos oxigênio, não teremos condições de ajudar ninguém a respirar. O mesmo pode ser dito sobre o Grande Potencial. Se o nosso próprio ímpeto for impedido ou obstruído, não temos chance de ajudar as pessoas a reforçar a força delas.

A celebração é o oxigênio do Grande Potencial. Se quisermos sustentar nossos ganhos, precisamos continuar respirando. Precisamos lembrar que, não importa qual for a nossa posição, temos o poder de criar mudanças dignas de celebração. Quanto mais celebramos, mais enriquecemos a nossa vida com propósito. E, quanto mais propósito tivermos, mais coisas teremos para celebrar. Com essa atitude, seremos capazes de criar e SUSTENTAR mais um Círculo Virtuoso.

Conclusão
Todas as crianças vão bem

A harmonia oculta é superior à harmonia manifesta.
— Heráclito de Éfeso, 500 a.C.

Quando os guerreiros massais, do Quênia, um dos grupos de combatentes mais ferozes e inteligentes da história, se cumprimentam, não dizem "Como vai você?", como fazemos nas culturas ocidentais. Perguntam: "Como vão as crianças?". A resposta esperada, até para quem não tem filhos, é "Todas as crianças vão bem".[1] De acordo com as convenções sociais desse grupo, **uma pessoa não tem como estar bem se toda a comunidade não estiver bem**. Estudos científicos apresentados neste livro provam que os massais estão certos. Não podemos nos preocupar só com o que é bom para nós. Precisamos nos preocupar com o que é bom para todos.

Comecei minha carreira na Faculdade de Teologia de Harvard estudando a ética cristã e budista. Eu era fascinado por aprender como os sistemas de crenças afetam nossas ações. Ao estudar diferentes tradições religiosas, ficou claro que, apesar das diferenças, todas as religiões tentavam encontrar as respostas para mais ou menos as mesmas perguntas: *Por que o amor é impedido pelo egoísmo? Como podemos encontrar a alegria depois de uma perda ou uma tragédia? Qual é o sentido da vida?* Faz mais de 3 mil anos que teólogos, filósofos e acadêmicos tentam encontrar as respostas para essas questões existenciais, exatamente as mesmas que buscamos até hoje. Pode até parecer um pouco frustrante. Será que progredimos tão pouco na busca das respostas para solucionar esses enigmas?

Vejo uma frustração parecida no mundo moderno, em empresas, escolas e pessoas. Encontrei muitos executivos frustrados por terem passado anos tentando melhorar o engajamento dos funcionários apenas para verem o envolvimento deles despencar alguns meses depois. Conversei com muitas pessoas frustradas por terem praticamente se matado para reduzir o tempo de corrida para 4 minutos por quilômetro, e, alguns meses depois, voltar a correr um quilômetro em mais de 5 minutos. Muitos líderes de hospitais e organizações sem fins lucrativos se frustram por se ver todos os anos falando a mesma coisa, nas mesmas conferências, sobre como evitar a síndrome de *burnout* e a fadiga por compaixão. Muitos pais se frustram por se dedicar de corpo e alma para dar uma boa infância aos filhos, só para ficarem confusos com a angústia que de repente toma conta quando seus filhos atingem a adolescência.

Será que não existe uma boa solução para criar mudanças concretas e duradouras? Será que nós (profissionais, pais e estudiosos dedicados a resolver os mistérios do universo) estamos destinados a passar a eternidade correndo sem sair do lugar? Nada disso. A nossa frustração nasce tanto de um desejo de melhorar quanto de uma noção equivocada sobre a natureza da transformação.

Se a última década de pesquisas me ensinou alguma coisa é que a mudança não é um evento isolado. Não dá para se banhar uma vez e esperar passar um ano sem precisar tomar banho. Não dá para se exercitar hoje na esperança de nunca mais precisar fazer qualquer atividade física na vida. Na verdade, nos exercitamos hoje para podermos nos exercitar amanhã. Precisamos nos manter sempre atentos e consertando o que vai quebrando com o passar do tempo.

O que todas as pessoas, culturas, empresas e tribos precisam não é de uma solução isolada, mas de uma defesa contínua e constante da positividade. Nunca estaremos livres do estresse e das dificuldades, e é por isso que precisamos encher a nossa vida de positividade, esperança e conexão na mesma medida.

É por isso que qualquer mudança (como o sucesso, o potencial e a felicidade) não pode ser buscada de forma isolada. A verdadeira transformação, grande ou pequena, requer o apoio de defensores que "sacaram" a ideia. Requer resiliência. Requer liderança, em qualquer posição. Requer energia coletiva. Nada disso é possível sem o ecossistema do potencial.

Sim, você, por definição, é a pessoa mais importante do seu universo. Você é o centro do *seu* mundo. O que significa que, se a mudança for possível, ela deve *começar* por você. Mas ela não termina em você. Pelo menos não sozinho. É preciso se conectar com os outros.

Só então saberemos que *todas* as crianças estarão bem, não só hoje, mas também amanhã.

Se você passou a vida buscando o Pequeno Potencial, tem vivido, como diria Morfeu, de *Matrix*, em "um mundo que foi colocado diante dos seus olhos para que você não veja a verdade". Mas, agora que os seus olhos se abriram para o poder do Grande Potencial, espero que utilize esse poder para encontrar as respostas às suas próprias questões e criar mudanças positivas e duradouras na sua vida e no mundo.

Nessa busca tão valiosa, nobre e perene, que a força *dos outros* esteja com você.

Notas

1 – O poder das conexões ocultas

1. Disponível em: <https://www.nytimes.com/1991/08/13/science/a-mystery-of-nature-mangroves-full-of-fireflies-blinking-in-unison.html>.
2. Moiseff, A.; Copeland, J. "Firefly Synchrony: a Behavioral Strategy to Minimize Visual Clutter". *Science* 329, p. 181, 9 jul. 2010. Disponível em: <http://science.sciencemag.org/content/329/5988/181>.
3. Disponível em: <https://www.nytimes.com/1991/08/13/science/a-mystery-of-nature-mangroves-full-of-fireflies-blinking-in-unison.html>.
4. Disponível em: <http://www.reed.edu/biology/professors/srenn/pages/teaching/web_2008/mhlo_site/index.html>.
5. Disponível em: <http://mentalhealthtreatment.net/depression/signs-symptoms>.
6. Disponível em: <http://www.aappublications.org/news/2017/05/04/PAS-Suicide050417>.

2 – Eleve o teto invisível do potencial

1. Kester, E. *That Book About Harvard:* Surviving the World's Most Famous University, One Embarrassment at a Time. Naperville: Sourcebooks, 2012.
2. Disponível em: <http://www.nature.com/articles/srep01174>.

3. Schnall, S.; Harber, K. D.; Stefanucci, J. K.; Proffitt, D. R. "Social Support and the Perception of Geographical Slant". *Journal of Experimental Social Psychology* 44 (5), p. 1246-55, 2008. Disponível em: <https://www.ncbi.nlm.nih.gov/pmc/articles/PMC3291107>.
4. Disponível em: <https://www.nytimes.com/2016/02/28/magazine/what-google-learned-from-its-quest-to-build-the-perfect-team.html?smid=pl-share&_r=0>.
5. Woolley, A. W.; Chabris, C. F.; Pentland, A.; Hashmi, N.; Malone, T. W. "Evidence for a Collective Intelligence Factor in the Performance of Human Groups". *Science* 330, p. 686-8, 29 out. 2010. Disponível em: <http://science.sciencemag.org/content/early/2010/09/30/science.1193147/tab-article-info>.
6. Fowler, J. H.; Christakis, N. A. "Dynamic Spread of Happiness in a Large Social Network: Longitudinal Analysis Over 20 Years in the Framingham Heart Study". *BMJ* 337, p. a2338, 2008.
7. Retirado de entrevista disponível em: <https://www.reddit.com/r/science/comments/5wvz03/science_ama_series_this_is_dr_jenna_watling_neal>.
8. Disponível em: <https://psychcentral.com/news/2017/04/01/are-personality-traits-contagious/118486.html>.
9. Disponível em: <http://factmyth.com/factoids/edison-never-invented-anything>.
10. Jung, D. I. "Transformational and Transactional Leadership and Their Effects on Creativity in Groups". *Creativity Research Journal* 13 (2), p. 185-95, 2001.
11. Carman, K. G. "Social Influences and the Private Provision of Public Goods: Evidence from Charitable Contributions in the Workplace". *Stanford Institute for Economic Policy Research Discussion Paper* 02-13, jan. 2003.
12. Leelawong, K.; Biswas, G. *International Journal of Artificial Intelligence in Education* 18 (3), p. 181-208, 2008
13. Disponível em: <http://ideas.time.com/2011/11/30/the-protege-effect>.
14. Disponível em: <https://www.ted.com/talks/margaret_heffernan_why_it_s_time_to_forget_the_pecking_order_at_work>.
15. Wilson, D. S. *Evolution for Everyone:* How Darwin's Theory Can Change the Way We Think About Our Lives. Nova York: Delacorte Press, 2007.
16. Disponível em: <https://news.uns.purdue.edu/html4ever/2005/050802.Muir.behavior.html>. Segue um comentário interessante vindo de uma pessoa que

só comia ovos de galinhas criadas ao ar livre (e não enclausuradas em gaiolas apertadas), achando que esse método mais natural de criação resolvia a maioria dos problemas da produção do setor: quando as galinhas eram confinadas em gaiolas, elas não tinham de lutar por território, mas, quando ficavam soltas ao ar livre, o resultado era um verdadeiro banho de sangue porque passavam a lutar entre si por território.

17. Disponível em: <https://evolution-institute.org/article/when-the-strong-outbreed-the-weak-an-interview-with-william-muir>.
18. Disponível em: <https://www.nytimes.com/2016/02/28/magazine/what-google-learned-from-its-quest-to-build-the-perfect-team.html?smid=pl-share&_r=0>.
19. Senge, P. M. *The Fifth Discipline:* the Art and Practice of the Learning Organization. Nova York: Doubleday/Currency, 1990. [Ed. bras.: *A quinta disciplina:* a arte e a prática da organização que aprende. Rio de Janeiro: Best Seller, 2016.]

3 – Cerque-se de influências positivas

1. Disponível em: <http://www.deseretnews.com/article/695226634/Statistically-speaking-BYU-study-shows-assists-teamwork-important-to-winningon-court.html>.
2. Disponível em: <https://www.forbes.com/2010/08/05/teams-teamwork-individuals-leadership-managing-collaboration.html>.
3. Disponível em: <http://www.businessinsider.com/teams-more-productive-than-individuals-2013-8>.
4. Disponível em: <https://www.fastcompany.com/3020561/why-women-collaborate-men-work-alone-and-everybodys-mad>.
5. Cross, R.; Rebele, R.; Grant, A. "Collaborative Overload". *New York Times*, jan.-fev. 2016.
6. Disponível em: <http://money.cnn.com/2017/05/19/technology/ibm-work-at-home/index.html?iid=ob_homepage_tech_pool>.
7. Disponível em: <https://www.wsj.com/articles/ibm-a-pioneer-of-remote-work-calls-workers-back-to-the-office-1495108802?mg=id-wsj>.
8. Disponível em: <https://qz.com/924167/ibm-remote-work-pioneer-is-calling-thousands-of-employees-back-to-the-office>.

9. Smith, T. W. et al. "Optimism and Pessimism in Social Context: an Interpersonal Perspective on Resilience and Risk". *Journal of Research in Personality* 47, p. 553-62, 2013. Disponível em: <https://www.sciencedirect.com/science/article/pii/S0092656613000585>

10. Andersson, M. A. "Identity Crises in Love and at Work: Dispositional Optimism as a Durable Personal Resource". *Social Psychology Quarterly* 75, p. 290-309, 2012. Disponível em: <http://journals.sagepub.com/doi/abs/10.1177/0190272512451753>; Heinonen, K. et al. "Parents' Optimism is Related to their Ratings of their Children's Behaviour". *European Journal of Personality* 20, p. 421-45, 2006. Disponível em: <https://onlinelibrary.wiley.com/doi/pdf/10.1002/per.601>.

11. Taylor, Z. E.; Widaman, K. F.; Robins, R. W.; Jochem, R.; Early, D. R.; Conger, R. D. "Dispositional Optimism: a Psychological Resource for Mexican-Origin Mothers Experiencing Economic Stress". *Journal of Family Psychology* 26, p. 133-9, fev. 2012.

12. Duffy, R. D.; Bott, E. M.; Allan, B. A.; Torrey, C. L. "Examining a Model of Life Satisfaction Among Unemployed Adults". *Journal of Counseling Psychology* 60 (1), p. 53-63, 2013.

13. Disponível em: <https://hbr.org/2015/09/the-unexpected-influence-of-stories-told-at-work>.

14. Disponível em: <https://hbr.org/2017/03/teams-solve-problems-faster-when-theyre-more-cognitively-diverse>.

15. Disponível em: <https://hbr.org/2016/09/diverse-teams-feel-less-comfortable-and-thats-why-they-perform-better>.

16. Granovetter, M. S. "The Strength of Weak Tie". *American Journal of Sociology* 78, p. 1360-1380, 1973.

17. Barabási, A. L. *Linked:* How Everything Is Connected to Everything Else and What It Means for Business, Science, and Everyday Life. Nova York: Plume, 2003. [Ed.bras.: *Linked:* a nova ciência dos networks. São Paulo: Leopardo Editora, 2009.]

18. Disponível em: <https://hbr.org/2011/07/managing-yourself-a-smarter-way-to-network>.

19. Disponível em: <http://www.bmj.com/content/337/bmj.a2338>.

20. Disponível em: <https://hbr.org/2011/07/managing-yourself-a-smarter-way-to-network>.

4 – Expanda o seu poder

1. Disponível em: <https://www.ted.com/talks/benjamin_zander_on_music_and_passion>.
2. Disponível em: <https://leaderchat.org/2009/03/17/leading-from-any-chair-in-the-organization>.
3. Disponível em: <https://www2.deloitte.com/content/dam/Deloitte/ar/Documents/human-capital/arg_hc_global-human-capital-trends-2014_09062014%20(1).pdf>.
4. Idem.
5. Disponível em: <https://hbr.org/2016/04/culture-is-not-the-culprit>.
6. Disponível em: <http://www.securex.be/export/sites/default/.content/download-gallery/nl/brochures/Gallup-state-of-the-GlobalWorkplaceReport_20131.pdf>.
7. Idem.
8. Disponível em: <https://hbr.org/2017/03/strategy-in-the-age-of-superabundant-capital>.
9. Disponível em: <https://txbbacareerservices.wordpress.com/2016/09/12/day-in-the-life-ali-allstate-leadership-development-program>.
10. Idem.
11. Amar, A. D.; Hentrich, C.; Hlupic, V. "To Be a Better Leader, Give Up Authority". *Harvard Business Review* 87, p. 22-4, dez., 2009.
12. Amar, A. D.; Hentrich, C.; Bastani, B.; Hlupic, V. "How Managers Succeed by Letting Employees Lead". *Organizational Dynamics* 41 (1), p. 62-71, 2012.
13. Disponível em: <http://www.huffingtonpost.com/entry/surgeon-general-happiness-vivek-murthy_us_564f857ee4b0d4093a57c8b0>.

5 – Expanda os seus recursos

1. Hom, H.; Arbuckle, B. "Mood Induction Effects Upon Goal Setting and Performance in Young Children". *Motivation and Emotion* 12 (2), p. 113, 1988.
2. Disponível em: <https://hbr.org/2015/09/why-more-and-more-companies-are-ditching-performance-ratings>.

3. Disponível em: <https://qz.com/587811/stanford-professor-who-pioneered-praising-effort-sees-false-praise-everywhere>.
4. Meneghel, I.; Salanova, M.; Martinez, I. *Journal of Happiness Studies* 17, p. 239-55, fev. 2016.
5. Disponível em: <http://www.espn.com/college-football/story/_/id/18418243/alabama-crimson-tide-coach-nick-saban-teams-play-best-championship-games>.

6 – Defenda-se das influências negativas

1. Engert, V.; Plessow, F.; Miller, R.; Kirschbaum, C.; Singer, T. "Cortisol increase in empathic stress is modulated by social closeness and observation modality". *Psychoneuroendocrinology* 7, p. 192-201, abr. 2014.
2. Friedman, H. S.; Riggio, R. E. "Effect of Individual Differences in Nonverbal Expressiveness on Transmission of Emotion". *Journal of Nonverbal Behavior* 6 (2), p. 96-104, 1981. Disponível em: <http://link.springer.com/article/10.1007%2FBF00987285?LI=true>.
3. Dalton, P.; Mauté, C.; Jaén, C.; Wilson, T. "Chemosignals of Stress Influence Social Judgments". *PLOS ONE* 8, p. e77144, 2013.
4. Gielan, M. *Broadcasting Happiness:* the Science of Igniting and Sustaining Positive Change. Dallas: BenBella Books, 2015.
5. Disponível em: <http://www.independent.co.uk/life-style/health-and-families/features/teenage-mental-health-crisis-rates-of-depression-have-soared-in-the-past-25-years-a6894676.html>.
6. Disponível em: <https://hbr.org/2011/07/managing-yourself-a-smarter-way-to-network>.
7. Disponível em: <http://www.hbs.edu/faculty/Publication%20Files/16-057_d45c0b4f-fa19-49de-8f1b-4b12fe054fea.pdf>.
8. Disponível em: <http://www.huffingtonpost.com/entry/michelle-gielan-broadcasting-happiness_55d3b320e4b055a6dab1ee4b>.
9. Idem.
10. Disponível em: <https://sleep.org/articles/ways-technology-affects-sleep>.
11. Disponível em: <http://jamanetwork.com/journals/jamapediatrics/article-abstract/2571467>.

12. Disponível em: <https://medium.com/time-dorks/distractions-are-a-nuisance-but-infinity-pools-are-the-real-problem-e84122d62c0c#.sjt2befmd>.
13. Disponível em: <https://www.inc.com/rebecca-hinds-and-bob-sutton/dropbox-secret-for-saving-time-in-meetings.html>.
14. Chancellor, J.; Layous, K.; Lyubomirsky, S. "Recalling Positive Events at Work Makes Employees Feel Happier, Move More, but Interact Less". *Journal of Happiness Studies* 16, p. 871-87, 2014.
15. Disponível em: <https://hbr.org/2015/12/the-busier-you-are-the-more-you-need-mindfulness>.
16. Disponível em: <https://hbr.org/2016/06/resilience-is-about-how-you-recharge-not-how-you-endure>.
17. Crum, A. J.; Salovey, P.; Achor, S. "Rethinking Stress: the Role of Mindsets in Determining the Stress Response". *Journal of Personality and Social Psychology* 104 (4), p. 716, 2013.
18. Haimovitz, K.; Dweck, C. "Parents' Views of Failure Predict Children's Fixed and Growth Intelligence Mindsets". *Psychological Science* 27 (6), p. 859-69, 2016. Artigo publicado primeiramente na internet, em 25 abril de 2016.
19. Disponível em: <http://www.projecttimeoff.com>.
20. Disponível em: <www.projecttimeoff.com/resources>.
21. Idem.
22. Achor, S. "Positive Intelligence". *Harvard Business Review*, jan.-fev. 2012. Disponível em: <https://hbr.org/2012/01/positive-intelligence>.
23. Disponível em: <https://hbr.org/2014/02/when-a-vacation-reduces-stress-and-when-it-doesnt>.
24. Segerstrom, S. C.; Nes, L. S. "When Goals Conflict but People Prosper: the Case of Dispositional Optimism". *Journal of Research in Personality* 40, p. 675-93, 2006. Disponível em: <https://www.sciencedirect.com/science/article/pii/S0092656605000528?via%3Dihub>.

7 – Sustente as conquistas

1. Disponível em: <http://www.cnn.com/2017/04/13/living/cnn-heroes-teaching-tool/index.html>.

2. Disponível em: <http://www.cbsnews.com/news/487-days-at-camp-david-for-bush>.
3. Holmes, E. A.; James, E. L.; Blackwell, S. E.; Hales, S. "They Flash Upon that Inward Eye". *The Psychologist* 24, p. 340-3, 2011.
4. Nicklaus, J.; Bowden, K. *Golf My Way*. Nova York: Simon & Schuster, 1974. Citado em: <http://biovisualfocus.com/member/articles/where-the-focus-comes-from>.
5. Disponível em: <http://psycnet.apa.org/psycinfo/1962-00248-001>.
6. Moulton, S. T.; Kosslyn, S. M. "Imagining Predictions: Mental Imagery as Mental Emulation". *Philosophical Transactions by the Royal Society B: Biological Sciences* 364, p. 1273-80, 2009.
7. Blackwell, S. E. et al. "Optimism and Mental Imagery: a Possible Cognitive Marker to Promote Well-being?" *Psychiatry Research* 206 (1), p. 56-61 [s.d].
8. Sharot, T.; Riccardi, A. M.; Raio, C. M.; Phelps, E. A. "Neural Mechanisms Mediating Optimism Bias". *Nature* 450, p. 102-5, 2007.
9. Stöber, J. "Prospective Cognitions in Anxiety and Depression: Replication and Methodological Extension". *Cognition & Emotion* 14, p. 725-9, 2000; Holmes, E. A.; Lang, T. J.; Moulds, M. L.; Steele, A. M. "Prospective and Positive Mental Imagery Deficits in Dysphoria". *Behaviour Research and Therapy* 46, p. 976-81, 2008.
10. Libby, L. K. "Picture Yourself at the Polls: Visual Perspective in Mental Imagery Affects Self-perception and Behavior". *Psychological Science* 18, p. 199-203, 2007.
11. Mathews, A. "Feels Like the Real Thing: Imagery is Both More Realistic and Emotional than Verbal Thought". *Cognition & Emotion* 27, p. 217-29, 2013; Holmes, E. A.; Mathews, A. "Mental Imagery in Emotion and Emotional Disorders". *Clinical Psychology Review* 30, p. 349-62, 2010. Disponível: <https://www.sciencedirect.com/science/article/pii/S0272735810000140>
12. Senge, P. M. *The Fifth Discipline:* the Art and Practice of the Learning Organization. Nova York: Doubleday/Currency, 1990. [Ed.bras.: *A quinta disciplina:* a arte e a prática da organização que aprende. Rio de Janeiro: Best Seller, 2016.]
13. King, L. A. "The Health Benefits of Writing About Life Goals". *Personality and Social Psychology Bulletin* 27, p. 798-807, 2001.

14. Layous, K.; Nelson, S. K.; Lyubomirsky, S. "What is the Optimal Way to Deliver a Positive Activity Intervention? The Case of Writing About One's Best Possible Selves". *Journal of Happiness Studies* 14 (2), p. 635, 2013. Disponível em: <https://link.springer.com/article/10.1007%2Fs10902-012-9346-2>.
15. Disponível em: <https://www.ncbi.nlm.nih.gov/pmc/articles/PMC5241224>.
16. Clifton, D. O.; Harter, J. K. "Investing in Strengths". Em Cameron, K. S.; Dutton, J. E.; Quinn, R. E. (Eds.). *Positive Organizational Scholarship*. San Francisco: Berrett-Koehler, 2003, p. 111-121; Connelly, J. "All Together Now". *Gallup Management Journal* 2 (1), p. 13-8, 2002.
17. Black, B. "The Road to Recovery". *Gallup Management Journal* 1, p. 10-12, 2001.
18. Disponível em: <http://www.azquotes.com/quotes/topics/celebrate.html>.

Conclusão: Todas as crianças vão bem

1. A primeira vez que ouvi essa história foi em uma entrevista com Michelle Obama, contada pelo entrevistador, Steve Pemberton. A história foi confirmada em: <http://www.worldcat.org/title/masai-of-africa/oclc/45890326>.